Gabriele und Bertold Ulsamer

Spielregeln des Familienlebens

HERDER spektrum

Band 4809

Das Buch

In diesem Erziehungs- und Familienratgeber für Eltern werden die Leitsätze Bert Hellingers erstmals ausgewertet im Hinblick auf die Gestaltung des aktuellen Familienlebens. Die Autoren zeigen praktisch und anschaulich wie Familien, in denen Kinder heranwachsen, stressfreier gestaltet werden können. Das Autorenpaar, selbst Vater und Mutter, wendet alle jene Erkenntnisse, die bisher nur nachträglich therapeutisch genutzt wurden, konsequent vorbeugend an. – Ein überraschend neuer, origineller Eltern- und Familienratgeber, mit vielen Beispielen, aus der Praxis für die Praxis.

Autorin und Autor

Dr. Bertold Ulsamer, Jurist, Diplom-Psychologe, NLP-Trainer und Familientherapeut. Leitet Seminare und Weiterbildungen zum Familien-Stellen nach Bert Hellinger. Autor zahlreicher Bücher und Artikeln zu NLP und Familienaufstellungen. Lebt in Freiburg.

Gabriele Ulsamer, Diplom-Sozialpädagogin, führt in eigener Praxis Beratungen und Familienaufstellungen mit Einzelpersonen durch. Co-Leiterin in Weiterbildungen in Familien-Stellen. Lebt in Freiburg.

Gabriele und Bertold Ulsamer

Spielregeln des Familienlebens

Anregungen nach dem Ansatz
von Bert Hellinger

Herder
Freiburg · Basel · Wien

Originalausgabe

Gedruckt auf umweltfreundlichem,
chlorfrei gebleichtem Papier

Alle Rechte vorbehalten – Printed in Germany
© Verlag Herder Freiburg im Breisgau 2000
Satz: Rudolf Kempf, Emmendingen
Herstellung: Freiburger Graphische Betriebe 2000
Umschlaggestaltung und Konzeption:
R·M·E München / Roland Eschlbeck, Liana Tuchel
Umschlagmotiv: © Stone
ISBN 3-451-04809-4

Inhalt

Einleitung:

Wo bitte geht's hier zur Erziehung?

Vor nicht allzu langer Zeit war die Kindererziehung noch kein Thema, das eine breite Öffentlichkeit bewegte. Denn Eltern gingen ganz selbstverständlich von ihrer Fähigkeit aus, Kinder richtig erziehen zu können. Sie hatten kaum Selbstzweifel und stellten sich und ihre Methoden nicht in Frage. Diese Sicherheit schöpften sie einfach aus der Tatsache, dass sie Kinder hatten.

Falls doch einmal Erziehungsschwierigkeiten auftraten, orientierten sie sich an ihren eigenen Eltern. Die Erziehung, die sie selbst erfahren hatten, mit ihren Schwächen – und auch Stärken – war die Grundlage für ihr späteres Verhalten als Erzieher. So taten sie ihr Bestes, alles, was sie für richtig hielten, um aus ihren Kindern „ordentliche Menschen" zu machen.

Mittlerweile sind Eltern unsicherer in ihrem Verhalten geworden und sensibler für die Bedürfnisse ihrer Kinder. Eltern informieren sich über Erziehungsthemen in Büchern, Zeitschriften und im Fernsehen. Sie wissen viel über kindliche Entwicklung und reflektieren ihr Verhalten. Sie haben Ansprüche an sich selbst und den Umgang mit ihren Kindern wie „Partnerschaftlichkeit", „Gleichberechtigung" und „freie Entfaltung". Und viele wollen es vor allen Dingen besser machen – besser als ihre Eltern.

Es sind diese Ansprüche, die antreiben und gleichzeitig verunsichern. Was ist nun richtig? Wie das Kind frei erziehen? Und wo und wie Grenzen setzen? Soll das Kind bei allem mitbestimmen? Oder nicht? Schadet ein Klaps auf den Po? Oder nicht?

Die Eltern heute wollen moderner erziehen, sie müssen es zwangsläufig angesichts der rasanten Entwicklungen. Aber woran sollen sie sich orientieren? Was sind die Rezepte für eine zeitgemäße Erziehung?

Solche Rezepte werden Sie, liebe Leserin, lieber Leser, in diesem Buch nicht finden. Statt dessen stellen wir Ihnen als Eltern einige grundsätzliche Gedanken dar und ihre Auswirkungen auf den Erziehungsalltag. Wir hoffen, dass Sie so Anregungen für sich in der Rolle der Eltern gewinnen.

Den Hintergrund dieses Buches bildet der systemische Ansatz von Bert Hellinger. Bert Hellinger hat Verbindungen in Familien neu entdeckt, erforscht und beschrieben. Es sind Ordnungen, die in unserem Inneren wirken, vergleichbar mit der Tiefenstruktur der Familie. Obwohl diese Struktur nicht bewusst ist, bestimmt sie in hohem Maß das Zusammenleben, die Haltung und das Handeln von Eltern und Kindern. Seine Entdeckungen widersprechen herrschenden pädagogischen Auffassungen nicht, aber sie ergänzen sie in wichtigen Punkten.

Hellinger gewann diese Einsichten in seiner Arbeit als Therapeut mit Hilfe von Familienaufstellungen. In der konkreten Arbeit mit Klienten entwickelte er seine Form der Aufstellungen und gleichzeitig die später beschriebenen Ordnungen. Die rasante Verbreitung von Familienaufstellungen über die bloße Mundpropaganda von Teilnehmern zeigt, für wie viele Menschen diese Arbeit bereits nützlich und fruchtbar geworden ist.

Wir selbst haben in unseren Rollen als Vater und Mutter erfahren, wie hilfreich der Ansatz von Bert Hellinger für die Beziehung mit dem eigenen Kind ist. Uns sind dadurch bestimmte familiäre Zusammenhänge klar geworden und ihre gewaltigen Auswirkungen. Entscheidendes, was vorher schwierig, fast unlösbar schien, hat sich durch diese Arbeit gelöst. Das heißt nicht, dass Eltern und Kinder sich nicht mehr aneinander reiben – das gehört wohl immer mit dazu. Aber was Vater sein und Mutter sein in der Tiefe bedeutet, ist uns klarer geworden. Das Herz wird dabei größer und weiter für die Kinder. Vater, Mutter und Kinder können sich entspannen, und der Umgang wird friedlicher und partnerschaftlicher.

Mit der Darstellung dieses Ansatzes stoßen wir in die Tiefe der Beziehungen zwischen Eltern und Kindern vor. Es geht dabei nicht um bestimmte Verhaltensweisen. Handlungsanweisungen oder Rezepte vorzuschlagen, ist nicht unsere Absicht. Es geht statt dessen um innere Haltungen. Diese Haltungen sind ausschlaggebend für eine gute Beziehung von Eltern und Kindern, nicht das Verhalten. Wer ohne die entsprechenden Haltungen nur ein Verhalten zeigt, bleibt an der Oberfläche.

Die Beispiele, die wir bringen, enthalten nicht die perfekte Lösung, sondern sollen die Hintergründe und Haltungen verdeutlichen und verständlich machen. Es gibt bei einem Problem nie *die* richtige Lösung, *das* richtige Verhalten. Jede/r muss das zu ihrer/seiner einmaligen Situation stimmige Verhalten finden.

Die beschriebenen Ordnungen sind nicht im Alltag sichtbar, sie liegen darunter. Jemand, der bloß davon liest, tut sich bisweilen schwer, sie sofort nachzuvollziehen. Er wird – zurecht – Zweifel haben. Das bringt uns an die Grenzen dessen, was in einem solchen Buch möglich ist. Wir haben uns bemüht bis zu diesen Grenzen zu beschreiben, wie diese Ordnungen aussehen und wirken.

Gabriele und Bertold Ulsamer

Der Aufbau des Buch:

Kapitel 1 ist eine Bestandsaufnahme innerer Mechanismen beim Erziehen heute und eine Hinführung zur Bedeutung der Haltung.

Kapitel 2 und 3 befassen sich mit den Grundlagen von Ordnungen bei Paaren und Familien.

Ein Kernstück des Buches ist Kapitel 4, das das Verhältnis zwischen Eltern und Kindern als ein Verhältnis zwischen „groß" und „klein" beschreibt.

In Kapitel 5 werden die Ordnungen in ihrer praktischen Anwendung bei Patchwork-Familien dargestellt.

Kapitel 6 zeigt einige Beispiele für Verbindungen und Verstrickungen über die Kernfamilie hinaus.

Eltern müssen immer wieder ihre Kinder loslassen. Davon handelt Kapitel 7.

Im Anhang finden Sie die allgemeine Beschreibung einer Familienaufstellung und weiterführende Hinweise und Tipps.

Kapitel 1

Erziehen heute:
Ratschläge werden zu Rat-Schlägen

Heide geht auf in der Erziehung ihrer zwei Kinder, Denis und Cornelia. Ihr Mann Roland verdient gut, und so konnte sie es sich bei der Geburt ihres ersten Kindes Denis leisten, ihre Arbeitsstelle aufzugeben und zu Hause zu bleiben, um sich um ihren Sohn zu kümmern. Zwei Jahre später kam Cornelia hinzu und seitdem ist Heide voll und ganz ausgefüllt von der Erziehung ihrer beiden Kindern.

Leidenschaftlich gern liest sie pädagogische Bücher und Elternzeitschriften. Die Inhalte diskutiert sie dann mit Roland oder einigen befreundeten Müttern. Ihr geheimer Herzenswunsch ist, eine vollkommene Mutter zu sein und vorbildliche Kinder zu haben.

Leider klappt das nicht, denn der inzwischen vierjährige Denis ist ein „schwieriges" Kind. Ständig streitet er sich mit Cornelia, provoziert sie, schlägt sie und nimmt ihr das Spielzeug weg. Cornelia lässt sich das nicht gefallen und wehrt sich lautstark. Nun beginnt Denis auch seine Freunde im Kindergarten und auf dem Spielplatz herumzukommandieren und zu provozieren. Ruft ihn seine Mutter zur Ordnung, ist er trotzig und aufsässig.

Die Kinder ihrer Freundinnen sind viel besser erzogen, denkt Heide. Manchmal möchte sie verzweifeln. Woran mag Denis' auffälliges Verhalten liegen? Sollte sie vielleicht strenger sein? Oder ist sie zu wenig verständnisvoll? Was kann sie nur noch tun?

Heide gibt sich große Mühe. Bisweilen ist sie sehr angespannt und fühlt sich unter enormem Druck. Sie hat hohe Erwartungen an sich selbst und ist sich selbst die strengste Kritikerin.

Ständig sucht sie nach neuen Möglichkeiten, positiv auf Denis einzuwirken. Sie probiert sämtliche Ratschläge ihrer Erziehungsbücher und Ratgeber der Elternzeitschriften aus. Wenn Denis auffällig ist, empfindet sie das als persönliches Versagen und als Beweis, eine schlechte oder zumindest unfähige Mutter zu sein.

Heide hat die besten Absichten, aber sie steht unter großer innerer Spannung. Je mehr sie sich bemüht und anstrengt, desto größer wird der Druck.

Druck erzeugt Gegendruck

Während Männer normalerweise den Beruf als Gebiet haben, in dem sie ihr Leistungsstreben und ihren Ehrgeiz ausleben können, bleibt für die Frauen, die zu Hause bleiben, meist nur der Haushalt und die Kinder. Hier hinein geht ihr ganzer Ehrgeiz. Haushalt und Kinder werden zum Maßstab für die eigenen Fähigkeiten und den eigenen Wert. Je vorbildlicher der Haushalt funktioniert und je besser das Kind erzogen wirkt, desto größer ist das eigene Können.

Erziehung wird so zur Leistung, die von einem selbst und anderen gemessen wird. Am Kind ist abzulesen, ob jemand eine gute Mutter oder ein guter Vater ist. Kein Wunder, dass jede „Panne" als Beweis persönlichen Versagens gewertet wird.

Heide ist sich nicht klar, dass ihre Spannungen „hausgemacht" sind. Bislang sieht sie die Ursachen für den Druck immer nur außen.

Da gibt es die Mutter von Roland, die öfters zu Besuch

kommt. Zwar hält sie sich im Großen und Ganzen aus der Erziehung ihrer Enkelkinder heraus. Aber es reicht schon ein kleiner Kommentar oder ein Blick und Heide fühlt sich angegriffen.

Heide hätte gern, dass die Schwiegermutter von ihrem Können als Mutter beeindruckt ist. Fähig und überlegen will sie vor ihr wirken. Wie die Hausfrau aus der Waschmittelwerbung im Fernsehen, die alles mit links schafft und im größten Stress lächelnd und entspannt bleibt. Sie könnte jedes Mal in den Boden versinken, wenn Denis sich bei einem der Besuche „danebenbenimmt". Sie versucht dann souverän zu bleiben, obwohl sie im Grunde nicht mehr aus noch ein weiß. Aber diese Unsicherheit ihrer Schwiegermutter gegenüber zugeben? Niemals!

Auch die Treffen mit ihren Freundinnen erlebt Heide manchmal als stressig. Auf der einen Seite genießt Heide den Austausch über Kindererziehung. Die Gespräche geben ihr das Gefühl, eine moderne, aufgeschlossene und aktive Mutter zu sein. Sie helfen ihr auch immer wieder. Aber dann gibt es auch einen Teil dabei, der ihr unangenehm ist. Die anderen Mütter erzählen immer wieder kleine, nette Geschichten von ihren Kindern und rühmen sie darin.

Nach den Treffen geht es Heide meistens schlecht. Ihr liegen die Kinderstories im Magen. Sie versteht es nicht, wie es den anderen gelingt, so pädagogisch überlegt und sinnvoll mit ihren Kindern umzugehen. Sie wird richtig neidisch. Warum klappt es nur bei ihr und Denis nicht genauso? Die Geschichten der Freundinnen lassen sie auch im Alltag nicht los. Immer wieder, gerade wenn sie besonders großen Ärger mit Denis hat, fallen ihr diese Freundinnen ein – und sie fühlt sich als Versagerin.

Heide gibt der Umgebung, der Schwiegermutter und ihren Freundinnen die Schuld, dass sie sich so schlecht fühlt. Von ihnen fühlt sie sich beobachtet und kritisiert. Wenn diese anders wären, weniger kritisch oder nicht so tüchtig, dann könnte auch sie selbst entspannter sein und lockerer in der Erziehung.

Doch das ist nur ein Traum von Heide, mit dem sie sich selbst belügt. Denn wäre Heide souverän und entspannt, könnte sie sich lächelnd über die Verbesserungsvorschläge ihrer Schwiegermutter oder ihrer Freundinnen hinwegsetzen. Sie muss sich ja nicht nach den Vorstellungen und Meinungen anderer richten! Aber sie tut es und setzt sich dadurch selbst unter diesen enormen Druck.

Dieser Druck ist nicht nur für Heide eine Belastung, sondern auch für Denis. Heide will ihr Kind ändern, damit es ihren Vorstellungen und Anforderungen entspricht. Warum will Denis nur nicht wie sie, denkt Heide manchmal. Bisweilen wird sie richtig zornig auf ihn, weil er sie so sabotiert und ihr in den Rücken fällt. Als ob er ihr nicht gönnt, dass sie eine gute Mutter ist!

Jeder Druck erzeugt aber Gegendruck. Denis reagiert widerspenstig auf den Druck, den Heide ihm macht. Heide sieht dann die Widerspenstigkeit und wird wütend. Sie gibt Denis die Schuld und erkennt nicht, dass sie mit ihrem eigenen Verhalten die Widerspenstigkeit auslöst.

Deshalb ist ihr Dilemma zunächst unlösbar. Aus ihrem inneren Druck heraus will sie Denis verändern. Solange sie mit diesem Druck Veränderung will, wird aber jeder in ihrer Umgebung sich gegen die Beeinflussung wehren. Vielleicht hat sie kurzfristig oberflächlich Erfolg. Doch der wird meist nicht von Dauer sein. Darüber hinaus bestimmen häufige Spannungen das Familienklima.

Erst wenn Heide anfängt, sich mit dem eigenen Druck auseinander zu setzen, geht sie einen entscheidenden Schritt, der elementar etwas ändert. Statt ständig nach außen zu schauen, zu überlegen, was Nachbarn, Erzieherinnen, Eltern und Freundinnen denken und für richtig halten, entdeckt sie in sich die Ursachen der Schwierigkeiten und vielleicht Lösungen.

Wenn Heide beginnt, den eigenen inneren Druck zu erforschen, beobachtet sie sich aufmerksam in kleinen Situationen des Alltags. Dabei helfen ihr folgende Fragen: Wie macht sie sich diesen Druck? Wozu braucht sie ihn?

Sie entdeckt, dass ihr Hauptbestreben ist, keinen Fehler als Mutter zu machen. Wenn sie ehrlich ist, gibt sie zu: Sie wäre gern perfekt, eine Art Vorzeigemutter, die jederzeit als Muster in einer Sendung über Erziehung auftreten könnte. Schließlich hat sie ja auch ihren Beruf dafür aufgegeben, um ganz für ihre Kinder da zu sein!

Ihre nächsten Gedanken führen sie auf dieser Spur weiter: Woher weiß sie überhaupt, was Fehler sind und wie sich eine fehlerlose Mutter verhält? Wer sagt ihr das?

Heide hat viele Quellen, aus denen sie ihr Wissen über richtige und über fehlerhafte Erziehung schöpft. Da ist einmal ihre eigene Erziehung. Sie weiß noch, wie sie sich manchmal über ihre Mutter geärgert hat, wenn diese unbeherrscht war. Diesen Fehler will sie beispielsweise auf keinen Fall selbst machen.

Vieles über Erziehung erfährt Heide auch aus Zeitschriften, aus dem Fernsehen und aus Erziehungsbüchern. Anderes lernt sie aus den Gesprächen mit ihren Freundinnen. Es sind auch zwei Pädagoginnen darunter, die ihr Wissen gerne weitergeben.

Allerdings sind die Meinungen über das richtige Verhalten einer Mutter oft unterschiedlich. Es gibt Unklarheiten oder sogar Widersprüche zwischen einzelnen Aussagen. Zum Beispiel, wenn Denis seine Schwester schlägt! Ist es dann gut, wenn die Kinder das untereinander ausmachen? Braucht Denis den von ihrer Schwiegermutter so empfohlenen „Klaps auf den Po"? Oder soll sie versuchen, Denis zu verstehen, seine Motive nachvollziehen und ihm gut zureden? Sicher ist es nicht gut, stur auf das Einhalten von Regeln zu bestehen: Aber wann soll sie darauf bestehen? Und wann soll sie eine Ausnahme machen?

Heide fühlt sich manchmal verwirrt und durcheinander. So viele Experten und so viele Meinungen! Und dann sieht die Realität doch wieder ganz anders als im Lehrbuch aus!

Der Teufelskreislauf

Heide ist mit ihren Kindern auf dem Spielplatz. Beide schaufeln einträchtig mit den anderen Kindern im Sandkasten.

Plötzlich schlägt Denis mit seiner Schaufel einem Mädchen auf den Kopf. Im ersten Schreck will Heide auf Denis zuspringen, ihm die Schaufel wegreißen und ihn kräftig ausschimpfen. Im letzten Moment hält sie sich zurück. So hätte ihre Mutter es gemacht! Sich von Schreck und Ärger überrumpeln zu lassen und dann ganz unbeherrscht zu reagieren!

Heide reißt sich zusammen und erklärt Denis in ruhigem und sachlichem Ton, dass man nicht hauen darf. Doch Denis hört nicht, sondern schlägt noch einmal mit der Schaufel zu.

Heide beherrscht sich und nimmt – innerlich zitternd – Denis die Schaufel aus der Hand und ermahnt ihn streng, das Schlagen zu lassen.

Gleich danach kommen die Gedanken: War das jetzt so richtig oder hätte sie sich doch vorher gehen lassen können? Das wäre dann spontan gewesen! Für Kinder ist das doch auch sehr wichtig. Sie grübelt noch über ihr Verhalten nach, als Denis das Kind schon wieder schlägt. Diesmal reicht es ihr und sie platzt. Mit hochrotem Kopf schimpft sie Denis aus und zieht ihn zu sich auf die Bank. Denis weint lautstark.

*Kurze Zeit danach bekommt sie Schuldgefühle. Was
kann denn das arme Kind dafür, dass sie so gereizt ist!
Denis hat es doch bestimmt nicht so gemeint. Jetzt kommt
Heide sich wie eine Rabenmutter vor, die ihr Kind nicht
genügend versteht und liebt. Sie wird ganz deprimiert.*

*Zu Hause fühlt sie sich so schlecht, dass sie Denis fra-
gen muss, ob er die Mama noch lieb hat. Langsam sammelt sie sich dann wieder. Im Nachhinein ärgert sie sich
über sich selbst und schimpft sich innerlich aus. Ihre Freundinnen hätten die ganze Situation sicherlich souverän ge-
meistert. Das nächste Mal wird sie es besser machen! Es
muss doch klappen!*

*Jetzt fangen Denis und Cornelia auch noch an herum-
zuquengeln. Sie nimmt sich mit letzter Kraft zusammen,
um sie nicht genervt anzufahren. Nicht auch das noch!
Hoffentlich kommt bald Roland nach Hause.*

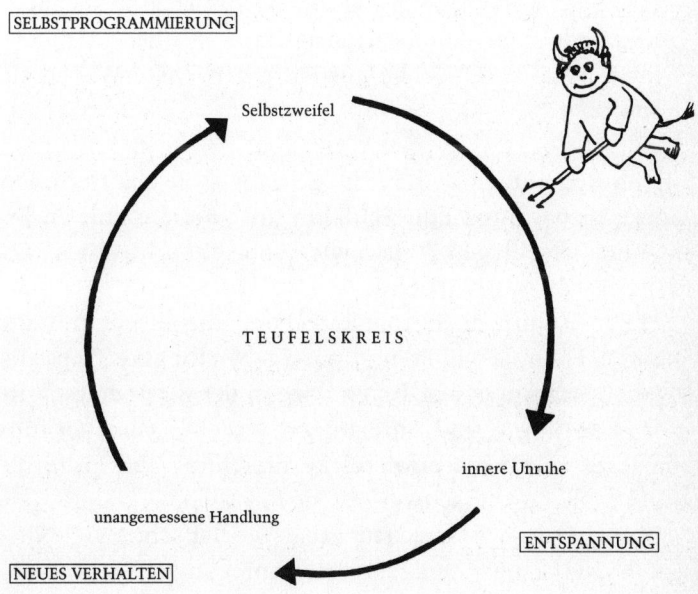

SELBSTPROGRAMMIERUNG

Selbstzweifel

TEUFELSKREIS

innere Unruhe

unangemessene Handlung

ENTSPANNUNG

NEUES VERHALTEN

Heide befindet sich in einem Teufelskreislauf. Sie quält sich mit eigenen Ansprüchen, Selbstzweifeln und Schuldgefühlen. Das versetzt sie in ständige innere Unruhe. Selten ist sie deshalb ruhig und gesammelt, sondern meist gestresst. Erreicht sie in diesem angespannten Zustand eine kleine Anforderung von außen, dann reagiert sie unpassend. Manchmal rastet sie aus und ein andermal hält sie sich zu sehr zurück. Nach einer solchen Situation zweifelt sie noch stärker an sich selbst und macht sich heftig Vorwürfe. Die innere Unruhe verstärkt sich. Der nächste Fehlschlag ist vorprogrammiert ...

„Die ständigen öffentlichen Diskussionen über das Für und Wider verschiedener Erziehungsstile sind Wasser auf den Mühlen mütterlichen Schuldgefühls. Sie ermöglichen es jeder Frau, sich schlecht zu fühlen, ob sie ihren Säugling beim Schlafen auf den Bauch legt oder auf den Rücken, ob sie ihre Schulkinder nachmittags mit Musik- und Judounterricht beschäftigt oder sie herumtrödeln lässt: Was diese Woche gut ist, gilt nächste Woche als schlecht."

Mit diesen Sätzen stellen die Sozialwissenschaftlerinnen Cheryl Benard und Edit Schlaffer fest, wie die Flut an Erziehungsratschlägen Frauen wie Heide ein schlechtes „Erziehungsgewissen" macht.

Heide ist umgeben von Ratgebern, die es gut mit ihr meinen. Freunde und Freundinnen geben ihr gute Tipps aus eigener Erfahrung. Der Psychologe in der Elternzeitschrift gibt Erklärungen und Anregungen. Erziehungsbücher führen Rezepte für die erfolgreiche Erziehung auf. Hilfe für ihre Probleme überschwemmt sie förmlich.

Manches ist für Heide fruchtbar. Sie hat schon viel Nutzen daraus gezogen und wertvolle Anregungen bekommen.

Trotzdem empfindet sie diese Ratschläge manchmal gar nicht hilfreich. Jeder Rat zeigt Heide, wie unfähig sie ist im Vergleich zu dem, der den Rat gegeben hat. Der andere hat blendende Ideen, wo der eigene Kopf dumm geblieben ist.

Außerdem wird Heide durch die oft widersprüchlichen Ratschläge verwirrt. Ihr schwirrt der Kopf von all den Pros und Contras. Je mehr Rat sie bekommt, desto unsicherer wird sie. Sie traut sich schon gar nicht mehr, sich auf ihre eigene Intuition zu verlassen. Ihre spontanen Reaktionen sind verschwunden. Die leise Stimme in ihrem Inneren, auf die sie früher gehört hat, ist kaum mehr zu hören. Statt dessen summen widersprüchliche Sätze durch ihren Kopf und lähmen sie. Die Ratschläge sind für sie zu „Rat-Schlägen" geworden.

Ihre Haltung ähnelt in solchen Situationen mehr der eines kleinen, unsicheren Kindes, das verzweifelt versucht, es „richtig" zu machen, als der einer Erwachsenen, die überlegt und verantwortungsvoll handelt. Kein Wunder, dass Denis, der die Unsicherheit spürt, selbst angespannt reagiert.

Schuldgefühle machen schwach

Heide möchte Denis ändern und von seinem aggressiven Verhalten abbringen. Deswegen gibt sie sich alle Mühe, probiert alles aus, was ihr kluge (und weniger kluge) Ratgeber sagen. Gleichzeitig gibt sie sich die Schuld für die, wie sie sagt, „schlechte Erziehung" von Denis.

„Schuldgefühle sind in diesem Zusammenhang keine objektive Größe, sondern ein Bestandteil der weiblichen Psychostruktur. Egal, wie gut sie es macht, die typische Mutter plagt sich mit dem Gedanken, dass sie eigentlich

ganz anders und noch viel besser hätte machen müssen."
(Benard/Schlaffer)

Heide hat diese Stimmen in ihrem Kopf, die auf sie einreden:
„Es ist unmöglich, wie du Denis gerade wieder behandelt
hast." „Das hättest du doch auch besser machen können."
„Du musst doch nicht bei jeder Kleinigkeit ausrasten!"
„Das war fies und ungerecht!"

Die Stimmen ermahnen sie, beschimpfen sie oder de-
mütigen sie. Ihnen will sie entkommen, aber sie kann es
nicht, denn sie gehen überall mit hin. Sie wispern und rau-
nen in ihrem Kopf. Sie treiben unablässig an. Heide kommt
sich manchmal wie ein Hamster auf seinem Laufrad vor.
Sie läuft und läuft – und kommt doch nicht von der Stelle.

Sind es nicht gerade die Schuldgefühle, die Heide dazu
antreiben, eine bessere Mutter zu werden?

Das ist ein weit verbreiteter Glaube. Viele Leute finden
Schuldgefühle unentbehrlich. Sie haben Angst, ohne diesen
inneren Druck in ihren Bemühungen stehen zu bleiben oder
sogar zurückzufallen. Sind diese Gefühle nicht ein ständi-
ger Ansporn und deshalb wichtig und positiv zu bewerten?

Aber – dieser Glaube ist falsch. Schuldgefühle sind selten
oder nie ein geeigneter Antrieb, das eigene Verhalten dauerhaft zu verändern. Statt dessen erschweren die Schuldgefühle Veränderung.

Heide fühlt sich schlecht, erschöpft und ausgelaugt. Die
Stimmen quälen sie. Weil sie so beschäftigt ist, immer zuzuhören, nimmt das ihre Energie in Beschlag und zehrt an
ihrer Kraft. Es ist nichts Gutes, was ihr dadurch geschieht.
Ihr Mut wird nicht geweckt, im Gegenteil, sie wird deprimiert. Die Schuldgefühle machen sie schwach.

Aber warum dann überhaupt Schuldgefühle? Sie müssen
doch ihr Gutes haben, sonst wären sie doch nicht so weit
verbreitet!

Schuldgefühle schützen gleichzeitig. Sie verhindern den Blick auf die Wirklichkeit. Für Heide sind die Schuldgefühle ein Weg, ihre Realität zu vermeiden.

Die Realität ist: Es gibt keine perfekten Mütter. Heide ist keine perfekte Mutter und wird es niemals sein.

Diese Realität ins Auge zu fassen, sie anzuerkennen, ist unangenehm. Es ist ein Schritt, der schmerzt. Mit Schuldgefühlen kann sie ihren Traum von der idealen Mutter, die sie so gerne verkörpern möchte, weiter träumen. Dieser Traum ist kindlich, aber an diesem Traum hängt sie so sehr, dass sie schwer tut, ihn aufzugeben. Doch nur, wenn sie ihn loslässt, ist der Weg frei zu einer entspannten und realistischen Einstellung zu sich und ihren Kindern.

„So wie ich bin, bin ich die richtige Mutter"

Womit Heide sich bisher nicht befasst hat, ist dieser eigene Anspruch in ihrer Rolle als Mutter.

Der eigene Anspruch setzt sie unter gewaltigen Druck. Heide zeigt zwar immer wieder ein angemessenes Verhalten – aber mit einer entgegengesetzten inneren Haltung. So hat sie sich bemüht, Denis ruhig und fest die Schaufel abzunehmen, als dieser die kleine Spielkameradin schlug. Innerlich hat sie sich aber unsicher und zittrig gefühlt. Deshalb wirkte ihr Handeln nach außen aufgesetzt und künstlich. Für Denis war das irritierend, auch wenn es für Heide ein großer Kraftakt war.

Es besteht ein Widerspruch zwischen Heides Erziehungsverhalten und ihrer inneren Haltung. Die Haltung ist aber das, was als Wesentliches von den Kindern wahrgenommen wird. Sie ist viel weitreichender und tiefgreifender als irgendein Verhalten. Haltungen haben regelmäßig eine größere Auswirkung als das Verhalten.

Wie sehen eine gute innere Haltung für eine Mutter und einen Vater aus? Da ist jemand, der sicher und klar handelt und bei dem sich innere Haltung und äußeres Verhalten decken. Das Kind erlebt das Handeln und spürt den Ernst und die Aufrichtigkeit dahinter. Es wird Mutter und Vater und das, was sie wollen, ernst nehmen.

Die innere Haltung ist in den meisten Situationen des Alltags der entscheidende Punkt. Will Heide wirklich etwas Grundsätzliches ändern, mehr inneren Frieden und innere Zufriedenheit finden, dann muss sie etwas in der „Tiefenstruktur", bei den Grundlagen ihres Verhaltens verändern und lösen. Sie erreicht sie, wenn sie anfängt, sich vom inneren Druck zu befreien. Das ist nicht leicht und nicht immer angenehm.

Die vielleicht wichtigste – und gleichzeitig schwierigste! – Haltung für eine Mutter oder einen Vater ist das Annehmen der eigenen Grenzen.

Die meisten Eltern wollen nur das Beste für ihre Kinder. Deshalb gibt Heide sich so viel Mühe, für Denis zu sorgen und ihn gut zu erziehen. Aber auch mit größter Anstrengung ist niemand fehlerlos, so sehr er es auch möchte. Das, was in Heides Kräften steht und in ihren Fähigkeiten liegt, ist natürlicherweise beschränkt. Jeder hat seine Macken.

Heide hat Fehler – ob es ihr gefällt oder nicht. Sie ist schnell gereizt und wird leicht ungerecht, wenn ihr der Geduldsfaden reißt. Auch wenn sie sich noch so sehr bemüht, ihr Temperament unter Kontrolle zu haben – manchmal geht es mit ihr durch. Das bekommt dann ihre Umgebung ab, immer wieder auch Denis.

Dazu kommt, dass niemand in einer perfekten Umgebung aufgewachsen ist. Jeder trägt im Laufe seines Lebens Verletzungen und Narben davon. Auch Heides Mutter hat sich damals sehr viel Mühe mit der Erziehung ihrer Tochter gegeben. Auch sie stand schon unter ähnlichem Druck, der allerdings dadurch verteilt war, dass Heide noch zwei ältere Geschwister hatte. Heide hat als Kind den Stress am eigenen Leib erlebt, den ihre Mutter hatte.

Was Heide Denis und Cornelia geben kann, gibt sie ihnen. Eltern lieben ihre Kinder. Sie tun das in ihren Möglichkeiten Stehende, um für ihre Kinder zu sorgen. Heide liebt Denis und Cornelia und sie müht sich nach Kräften. Es ist genug, was Denis bekommt. Es ist reichlich, was sie ihm als Mutter gibt, und es reicht für ihn, um später als Erwachsener selbst etwas Gutes aus seinem Leben zu machen.

Wenn Heide von ihrer bisherigen Haltung zu einer konstruktiveren kommen will, dann nimmt sie diese Tatsachen, ihre Schwächen und Fehler, als gegeben hin. Sie gehören mit zum Leben. Keiner kann ihnen – bei aller Mühe und Sorgfalt – ausweichen, sie ganz vermeiden – weder sie selbst, noch Denis und alle anderen in ihrer Umgebung.

Mit diesen Überlegungen nähern wir uns dem Kern einer angemessenen Grundhaltung als Eltern und Erzieher oder Erzieherin. Wenn Heide zu dieser Haltung findet, ist die erste wichtigste Denkweise: *„Ich tue das Beste, was ich kann. Ich tue, was in meinen Kräften steht und in meinen Fähigkeiten liegt. Und es ist genug."*

Von den Wolken ihrer Ideale kommt Heide herab zur Realität. Hier kann sie entspannen und aktiv handeln. Das ist der Boden, der sie dann trägt.

Die Erkenntnisse von Bert Hellinger, die in den folgenden Kapiteln ausgeführt werden, vermitteln Einsichten, die es erleichtern, zu dieser konstruktiven und angemessenen Haltung als Vater oder Mutter zu gelangen. Denn es genügt nicht, wenn eine solche Haltung nur logisch begründet und nachvollzogen wird. Ihre Wirkung entfaltet sie erst dann, wenn sie innerlich angenommen und integriert sind.

Wer zu dieser Haltung als Mutter oder Vater kommt, in dem wächst eine innere Stärke und Kraft. Mutter und Vater werden dadurch nicht perfekt. Aber von dieser Grundlage aus ändert sich ihr Verhalten und seine Wirkung wie von selbst. Der innere Druck weicht, statt dessen kehren Ruhe und Entspannung ein.

Anregungen: Den eigenen Druck erforschen

Um den Druck zu erforschen, den Sie sich selbst machen, stellen Sie sich folgende Fragen:

Wie genau mache ich mir diesen Druck?

Wie äußert sich dieser Druck?

Wie nehme ich ihn wahr?

Was soll er bezwecken? Wozu brauche ich ihn?

Wenn Sie nur vage Vorstellungen haben, wie dieser Prozess innerlich abläuft, helfen diese Fragen zur Klärung.

Wenn ich mich noch mehr unter Stress und Spannung setzen wollte – wie müsste ich dabei vorgehen?

Was müsste ich dabei denken?

Welche schrecklichen Vorstellungen würden mir helfen?

Wie müssten die inneren Sätze lauten, die ich höre?

Und was wäre der Tonfall, der mir am meisten zusetzen würde?

Was genau fühle ich dann?

Sobald Sie erkennen, wie Sie den Druck steigern können, sehen Sie deutlicher auch die Möglichkeiten, ihn abzuschwächen.

Wenn Sie sehr nach Perfektionismus streben, sind die Fragen nach den Quellen Ihrer Maßstäbe hilfreich.

Woher weiß ich, was Fehler sind?

Woher weiß ich, wie sich eine perfekte Mutter oder ein perfekter Vater verhält?

Wer sagt mir das?

Vor wessen Urteilen habe ich am meisten Angst?

Kapitel 2

Wenn zwei sich finden . . .

Jessica lernt Ralf auf einer Party kennen. Schon beim ersten Blick funkt es. Den ganzen Abend flirten sie heftig miteinander. Kurz bevor Jessica geht, tauschen sie noch ihre Telefonnummern aus.

Den ganzen nächsten Tag hat Jessica Schmetterlinge im Bauch. Soll sie anrufen oder lieber warten, bis er anruft? Dann klingelt das Telefon: Ralf! Sie verabreden sich fürs Kino und zum Abschied küsst Ralf sie. Noch am selben Abend ruft Jessica dann von zu Hause ihre beste Freundin an: „Du, ich bin ja so verknallt! Er heißt Ralf und ist einfach traumhaft!" Jessica schwebt auf rosaroten Wolken.

Fast jeden Tag verabreden Ralf und sie sich. Eine Woche später bleibt Ralf das erste Mal über Nacht bei Jessica. Sie werden fast unzertrennlich, sehen sich, so oft sie können. Oder wenn das nicht geht, telefonieren sie stundenlang miteinander.

Bei einem gemeinsamen Stadtbummel treffen sie Ben, einen Bekannten von Ralf. Ralf stellt Jessica Ben mit den Worten vor: „Und das da ist meine Freundin Jessica." Jessicas Herz macht einen Freudensprung

Jessica und Ralf sind ein jetzt Paar. Auch wenn diese Zukunft noch in weiter Ferne liegt oder zu liegen scheint – sie haben den ersten Schritt getan, der zu einer Familie führt. Das Paar ist die Grundlage der Familie. Sie schlafen mit-

einander und damit ist – bei aller Vorsorge – immer die
Möglichkeit gegeben, dass Jessica schwanger wird.

Bevor deshalb auf die Familie mit Kindern eingegangen
wird, zunächst etwas über deren Grundlage: das Paar.

Die Bindung zwischen
Mann und Frau

*Leider hat die Beziehung von Jessica und Ralf nur ein Jahr
gedauert. In den letzten Monaten fingen sie immer häufiger an, sich über Kleinigkeiten zu streiten.*

*Als Ralf dann auch noch beruflich für ein Jahr nach
Amerika gehen will, ohne Jessica mitnehmen zu wollen,
kommt es bei einem gemeinsamen Essen zu einer letzten
Auseinandersetzung. Jessica wirft Ralf vor, dass ihm seine
Karriere wichtiger wäre als sie. Ein Wort gibt das andere.
Bis Jessica wutentbrannt aus dem Restaurant stürmt. Die
große Liebe endet in einem Riesenkrach.*

*Ein halbes Jahr später lernt Jessica Michael kennen. Er
ist ganz anders als Ralf. Am liebsten würde er Jessica vom
Fleck weg heiraten. Jessica findet das so romantisch. Sie
erzählt ihrer besten Freundin von Michael. Diese fragt
nach: „Und was ist mit Ralf?" „Oh, das ist abgeschlossen", meint Jessica.*

Die meisten von uns sind nicht mehr mit ihrem allerersten
Partner, ihrer allerersten Liebe zusammen. Silberne und
Goldene Hochzeiten werden, den Statistiken zufolge, in Zukunft immer mehr zu Raritäten. Früher hat man die erste
Liebe geheiratet. Heute wird ein bisschen länger gesucht,
bis man den Richtigen/die Richtige gefunden hat. Wer dann
eine Familie gründen will, bleibt im Durchschnitt nach
zwei oder drei Trennungen mit einem Partner als dauerhaf-

teres Paar zusammen. Die alten Beziehungen lassen wir hinter uns und haben diese abgeschlossen.

Das Wort „abschließen" beschreibt den Vorgang präzise. Da gibt es einen Raum, in dem viel an Verletzungen, Vorwürfen, Trauer, Schönem und Sehnsüchten aus der Beziehung ruht. Der Raum wird verlassen, die Tür wird geschlossen und der Schlüssel entschieden im Schloss herumgedreht. Es ist „abgeschlossen". Der Blick geht nach vorne in die neue Beziehung.

Das, was hinter uns in diesem Raum liegt, behält jedoch Bedeutung für uns und wirkt sich auf unser Leben durch die geschlossene Tür hindurch aus. Frühere Beziehungen beeinflussen spätere Beziehungen. Sie erleichtern oder sie erschweren sie. Und immer wieder – so überraschend das für uns selber ist – sind auch unsere Kinder davon betroffen.

Familienaufstellungen zeigen, dass es eine Bindung zwischen Mann und Frau gibt. Wenn zwei miteinander schlafen und das mit Liebe tun, entsteht eine solche Bindung. Es steht nicht in der Hand oder im Willen der Beteiligten, ob sie eine solche Bindung wollen oder nicht. Sie geschieht einfach.

Diese Bindung macht Mann und Frau zu einem Paar. Oder umgekehrt: das „Paarsein„ erzeugt eine Bindung. Was bewirkt diese Bindung? Der frühere Partner oder die frühere Partnerin zählen jetzt zu den bedeutungsvollen Personen des eigenen Lebens. Zu diesen besonderen Männern und Frauen im eigenen Leben gehören die „ersten Lieben", früheren Verlobten und frühere Ehefrauen oder -männer.

In Aufstellungen wird bei aktuellen Problemen in der Partnerschaft oft die Gegenwartsfamilie aufgestellt, um diese Beziehungen zu erforschen. Zu diesem System gehört der Partner oder die Partnerin, die Kinder, die jeder hat, und auch abgetriebene Kinder. Ebenfalls dazu gehören die früheren Partner und Partnerinnen, sie sind Teil des Gegenwartssystems und beeinflussen diese Familie mit.

Im oben genannten Beispiel zählt also Ralf zu den bedeutungsvollen Personen in Jessicas Leben, zu „ihren Männern", obwohl sie von ihm getrennt ist und (wahrscheinlich) eine neue Beziehung mit Michael eingeht. Ralf wird auf immer mit zum Gegenwartssystem von Jessica gehören.

Ein faszinierendes Bild bieten Aufstellungen häufig, wenn frühere Partner und Partnerinnen – insbesondere die erste große Liebe – aufgestellt werden. Das mag dann schon 10, 20 oder 30 Jahre her sein. Die Stellvertreter jedoch strahlen sich an und zeigen, wie stark sie sich voneinander angezogen fühlen. Eine erstaunliche Bindung zeichnet sich da ab, die der Person, die aufgestellt hat, nicht in dieser Tiefe bewusst war.

Die Bindung erfordert, diesen Mann/diese Männer oder diese Frau/diese Frauen im eigenen Leben zu achten, d. h. ihnen diesen besonderen Platz, den sie haben, zuzugestehen – auch wenn die Beziehung im Streit und Kampf endete.

Ein flüchtiges sexuelles Abenteuer entwickelt diese Bindung nicht, außer wenn dabei ein Kind gezeugt wird. Mit einem gemeinsamen Kind entsteht zwischen einem Mann und einer Frau immer Bindung. Sie zählen in Zukunft füreinander – ob sie wollen oder nicht.

Deswegen trägt jeder Beischlaf – auch ohne Liebe – immer das Risiko einer Bindung mit sich, nämlich über ein mögliches Kind. Vielleicht macht das verständlich, warum manchmal die Eifersucht bei einem „kleinen", scheinbar unerheblichen Seitensprung so stark ist.

Wie du mir, so ich dir

In einer guten Beziehung gibt es einen ständigen Ausgleich zwischen Geben und Nehmen. Jeder gibt und jeder bekommt.

Wenn zum Beispiel der Mann der Frau etwas Gutes gibt, entsteht ein Ungleichgewicht und ein Bedürfnis nach Ausgleich bei der Frau. Sie fühlt sich (manchmal früher, manchmal später) in der Schuld. Gibt sie dann dem Mann etwas Gutes zurück, dann löst sich die Spannung auf. Wenn sie ein klein wenig mehr gibt, als sie bekommen hat, dann fühlt jetzt der Mann das Bedürfnis nach Ausgleich. Nun ist er an der Reihe zu geben. Damit bleibt eine gute Spannung in der Beziehung, denn Mann und Frau bleiben aufeinander bezogen.

„Das Glück in einer Beziehung hängt ab vom Umsatz von Nehmen und Geben. Der kleine Umsatz bringt nur kleinen Gewinn. Je größer der Umsatz, desto tiefer das Glück. Das hat aber einen großen Nachteil – es bindet noch mehr. Wer Freiheit will, darf nur ganz wenig geben und nehmen und ganz wenig hin- und herfließen lassen." (Hellinger)

Beziehungen, in denen einer nur gibt und der andere nur nimmt, drohen zu scheitern. Irgendwann hält einer von beiden das Ungleichgewicht nicht mehr aus und geht. Derjenige, der geht, kann durchaus der sein, der zu viel bekommen hat bzw. nicht mehr ausgleichen kann. Er beendet die Beziehung, weil er die Spannung nicht mehr erträgt.

Man darf also dem anderen nur so viel geben, wie er auch zurückzugeben in der Lage ist. Wer den anderen mit Wohltaten überschüttet, tut ihm – sich selbst und der Beziehung – nichts Gutes.

Besonders überrascht die Aussage von Hellinger, dass das, was für den Ausgleich im „Guten" gilt, auch beim Ausgleich im „Bösen" wirkt.

Marlene und Peter sind seit fünf Jahren verheiratet und führen eine glückliche Ehe. Als Peter von einer fünftägigen Weiterbildung zurückkommt, ist er sehr in sich gekehrt und reserviert. Zuerst denkt Marlene, Peters Verhalten liegt daran, dass die Weiterbildung anstrengend gewesen war. Doch als Peter nach drei Tagen immer noch so seltsam ist, fragt Marlene nach.

Peter beichtet Marlene zerknirscht, dass er sie während der Weiterbildung mit einer Teilnehmerin betrogen hat. Peter erzählt weiter, dass ihn nur das Abenteuer gereizt hat und dass er diese Frau weder liebt noch wiedersehen wird. Marlene ist wie vor den Kopf geschlagen und vollkommen geschockt.

Am nächsten Abend sprechen sich Marlene und Peter aus. Peter beteuert seine Liebe zu Marlene und entschuldigt sich: „Ich weiß auch nicht, was in mich gefahren ist. Ich habe mich selbst nicht gekannt." Marlene ist noch verletzt. „Verzeihst du mir?" flüstert Peter.

Marlene schwirrt der Kopf. Sie liebt Peter und möchte ihn nicht verlieren. Und er war ehrlich zu ihr, denkt sie sich. Marlene schluckt und nickt: „Sprechen wir nicht mehr darüber!" Peter atmet erleichtert auf.

Das gleiche Bedürfnis nach Ausgleich entsteht, wenn einer dem anderen etwas antut und ihn verletzt. Es besteht ein ungutes Ungleichgewicht. Wie lässt sich der Ausgleich erzielen?

Marlene verzeiht Peter – doch das ist kein Ausgleich. Peter hat Marlene verletzt. Und jetzt steht Marlene ein Ausgleich zu. Der Schuldige sollte ein „Opfer" oder eine

„Genugtuung" geben, die dem, was er getan hat, in etwa entspricht. Das hilft der Beziehung. Der oder die Verletzte hilft auch der Beziehung, wenn er/sie eine Wiedergutmachung als Ausgleich verlangt. Dann kann der Verletzer etwas tun, um für eine Balance zu sorgen.

Die Rache im Unterschied dazu will den anderen nur treffen und verletzen und hat die Beziehung ganz aus den Augen verloren.

Marlene träumt schon lange davon, dass Peter mit ihr auf den jährlichen Sportlerball geht. Doch Peter findet Bälle spießig, öde und langweilig und hat sich bisher erfolgreich geweigert.

„Was hältst du davon, wenn wir nächsten Monat zum Sportlerball gehen?" fragt Marlene Peter. „Zum Ausgleich. Du weißt schon warum." Peter schluckt. Dann nickt er entschlossen. Und obwohl er Bälle hasst, fühlt er sich ein Stück befreit.

Peter kann handeln, um das Ungleichgewicht wieder in Balance zu bringen. Das erleichtert ihn.

Förderlich für eine Beziehung ist es beim Ausgleich im Bösen, wenn etwas weniger gefordert wird als angetan wurde. Tut jemand mehr zum Ausgleich im Bösen, dann fühlt der andere sich im Recht, wieder etwas Böses zur Balance zu tun und eine Spirale, die eskaliert, kann anfangen.

Wer sich zu gut dafür ist, den Ausgleich zu fordern, z.B. indem er großmütig verzeiht, schadet im tiefsten der Beziehung. Denn er löst das bestehende Bedürfnis nach Ausgleich nicht auf und gibt dem Schuldigen keine Gelegenheit, wieder etwas gutzumachen. Damit vergrößert er das Ungleichgewicht noch. Denn er ist zwar das Opfer, aber auf der anderen Seite stellt er sich über den Täter, indem er ihm verzeiht. Er erscheint als der bessere Mensch – aber ist es nicht unbedingt.

Kinder oder Karriere?

Beate und Martin sind seit 3 Jahren ein Paar. Die Liebe zwischen beiden ist groß. Beate geht ganz in ihrem Beruf auf, bei dem sie, um aufzusteigen, immer wieder auch längere Zeit im Ausland leben muss.

Allmählich wünscht sich Martin ein Kind mit Beate. Beate weigert sich. Zum einen findet sie es schlimm, Kinder in der heutigen Zeit in die Welt zu setzen. Zum anderen möchte sie ihre berufliche Karriere nicht aufs Spiel setzen.

Die Beziehung zwischen Mann und Frau, die Sexualität zwischen beiden sind kein Selbstzweck. Der biologische Instinkt strebt, wenn er ungehindert ist, nach Kindern als natürliche Fortsetzung der Zweierbeziehung. Es ist also „natürlich", wenn in einem Mann und in einer Frau in einer Paarbeziehung irgendwann der Wunsch nach einem gemeinsamen Kind entsteht.

Was ist, wenn jemand kein Kind will?

Wie Familienaufstellungen zeigen, sind in einem Fall wie dem von Beate nicht nur persönliche Gründe und Entscheidungen ausschlaggebend.

Wir alle haben unser Leben von den Eltern bekommen. Eine enorme Kraft wirkt in uns, es wiederum weiterzugeben. Diese biologische Kraft ist viel größer als der Wille des Einzelnen. Um ihr widerstehen zu können, braucht es zwingende Gründe dagegen. Und die kommen aus der Verbindung des Einzelnen mit seiner Familie. Sie wirken sich aus bei der Entscheidung für die Kinderlosigkeit, für das Zölibat oder für eine Sterilisation, ohne ein Kind gehabt zu haben.

Wie wirkt sich das auf die Beziehung von Martin und Beate aus? Wenn Martin sich nun unter solchen Umständen von Beate trennt, ist das „in Ordnung". Denn kein

Partner kann verlangen, dass der andere wegen ihm auf ein Kind verzichtet. Der Partner, der kein Kind will oder keines zeugen bzw. empfangen kann, hat kein Recht, dass der andere bleibt, wenn er ein Kind will. Er muss ihn ziehen lassen. Alles andere würde dem grundsätzlichen Sinn einer Paarbeziehung widersprechen. Wenn aber Martin mit Beate zusammen bleibt und deshalb keine eigenen Kinder bekommt, dann macht Martin Beate ein besonderes Geschenk.

Wenn beide Partner entschlossen sind, keine Kinder zu bekommen, schwächt das ihre (Ver-)Bindung. Ungewollte Kinderlosigkeit dagegen ist für Paare ein schweres Los. Wenn sie es allerdings zusammen tragen, dann verbindet es sie.

Im Zusammenhang mit Kinderlosigkeit ist eine weitere Aussage von Hellinger bedenkenswert:

„Wenn wir uns für etwas entscheiden, dann müssen wir in der Regel etwas anderes lassen. Das, wofür wir uns entscheiden, ist das, was verwirklicht wird ... Verachten wir das nicht Verwirklichte, nimmt dieses von dem, was wir wählten, etwas weg. Es wird weniger. Würdigen wir das nicht Verwirklichte, obwohl wir es nicht wählen, dann fügen wir dem, was wir gewählt haben, etwas hinzu. Frauen, die sich des Verlustes bewusst sind und bewusst darauf (Kinder zu bekommen, d. A.) verzichten und die dem bewusst zustimmen, retten das Weibliche in das Neue hinüber. Das gewinnt dann eine andere Qualität. Durch den bewussten Verzicht wird also etwas gewonnen. Das, was ich nicht erwählt habe, wird wirksam, indem ich es würdige, auch wenn ich es selber nicht verwirkliche."

Wer im Leben sich für eine Alternative entscheidet (z.B. Elternschaft oder nicht), sollte auch die andere Alternative achten. Die Frau und der Mann, die kinderlos bleiben, werden also nicht die Mütter und Väter verachten. Wer die nicht verwirklichte Alternative – die Mütter und Väter – abwertet, um so das Gefühl zu haben, die „richtige„ Entscheidung getroffen zu haben, wird enger. Wer statt dessen den Schmerz über das Entgangene, die Elternschaft, und über diesen Verlust zulässt, wird weiter.

Abtreibung als Bruch der Beziehung

Silke und Niklas sind ein Paar. Beide stecken mitten in ihrem Studium. Da wird Silke schwanger. Irgendwie fänden es Silke und Niklas schon toll, ein Kind zu bekommen – aber jetzt, wo sie nur noch einige Semester vor sich haben? Und wie soll das zu dritt mit dem Geld klappen, wo es doch jetzt schon manchmal knapp wird? Und ihre Eltern werden über so frühen Nachwuchs auch nicht gerade begeistert sein. Schweren Herzens entschließen sie sich zu einer Abtreibung.

Als Niklas die weinende Silke dann beim Frauenarzt abholt, nimmt er sie in den Arm und verspricht ihr: „Wir werden noch viele Kinder zusammen haben."

Allerdings ändert sich die Beziehung zwischen Niklas und Silke sehr schnell. Sie verstehen sich gar nicht mehr so gut wie am Anfang und streiten immer häufiger.

Jede Abtreibung erschüttert eine Beziehung, die bis dahin intakt war. Die Abtreibung ist ein tiefer Einschnitt, ein Bruch der bisherigen Beziehung.

Das Zeugen eines Kindes ist für ein Paar ein elementares Ereignis. Aufstellungen zeigen, dass Abtreibungen regelmäßig als Unrecht und Schuld empfunden werden. Die Instanz in unserem Inneren, die das empfindet, lässt sich durch Argumente und Rechtfertigungen nicht beeindrucken. Sie wirkt davon unabhängig. Es bleibt eine Wunde im Inneren zurück.

Was insgeheim empfunden wird, kann zwar verdrängt werden, aber seine Wirkung zeigt sich in den Handlungen außen. Silke und Niklas streiten seit dem. Sie spüren diese Spannungen, die die Abtreibung bei ihnen verursacht hat.

Eine Abtreibung wird von dieser inneren Instanz meistens auch als Entscheidung gegen den Partner empfunden. Silke entscheidet sich gegen Niklas, indem sie sein Kind abtreibt. Niklas entscheidet sich gegen Silke, weil er ihr Kind nicht will.

Und diese innere Instanz sucht nach einem Ausgleich. Manchmal wird eine Abtreibung damit bezahlt, dass die Beziehung in die Brüche geht oder dass die Sexualität sich aus der Beziehung zurückzieht. Oft hat außerdem der eine Partner gegenüber dem anderen Partner doch einen geheimen Vorwurf, auch wenn oberflächlich Einigkeit bestand.

Wer die Wunde heilen will, muss sich mit der Realität der Abtreibung auseinander setzen. Da gibt es ein Kind, das gezeugt und empfangen war, das aber dann nicht zur Welt kommen durfte. Aufstellungen, in denen auch das abgetriebene Kind stellvertreten wird und ein Stellvertreter für es empfindet, helfen zu diesem Schritt. Dort stellt man sich dem Geschehenen. Das ist schmerzhaft und gleichzeitig heilend.

Hier das, was Hellinger einmal nach einer solchen Aufstellung zu den Eltern sagte:

„Das braucht noch Zeit, bis der Schmerz kommt. Dann lasst ihr dem Schmerz Raum im Angesicht des Kindes. Man kann dem Kind auch eine Zeit lang einen Platz geben im Leben. Zum Beispiel könnt ihr diesem Kind seine Geschwister zeigen, innerlich, und ihr zeigt ihm ein Jahr lang die schönen Dinge der Welt. Doch dann muss es vorbei sein. Schuld muss nach einiger Zeit vorbei sein. Und dann wird nicht mehr darüber geredet. Das Kind hat dann seine Ruhe, und ihr schaut nach vorne."

Den Schwiegereltern kann man nicht entkommen

Corinna und Wolfgang wollen zum ersten Mal Heilig Abend zusammen feiern. Wolfgang hat den Baum und Weihnachtskerzen besorgt. Corinna hat sich in den Kaufhäusern mit allem möglichen Weihnachtschmuck eingedeckt. Nun wollen beide den Baum schmücken.

Corinna hängt mit Hingabe rote Kugeln und Strohsterne an den Baum. Wolfgang verzieht etwas das Gesicht: „Hast du nichts anderes? Bei uns zu Hause war der Baum immer ganz in Silber." Corinna klärt ihn auf, dass ein richtiger Christbaum rote Kugeln und Strohsterne hat. Das war bei ihnen zu Haus auch immer so.

Als Wolfgang dann aus seiner Tüte die elektrischen Weihnachtskerzen auspackt, verschlägt es Corinna fast die Luft: „Du willst doch nicht etwa diese geschmacklosen Dinger an den Baum hängen?" „Was heißt denn hier geschmacklos, bei uns waren immer elektrische Kerzen am Baum. Das ist doch viel praktischer", gibt Wolfgang zurück. „Praktischer! Weihnachten muss nicht praktisch sein . . ." Eine heftige Diskussion entsteht.

Corinna und Wolfgang, beide sind geschockt. Jeder von ihnen hat eine klare Vorstellung davon, wie ein Weihnachtsbaum zu schmücken ist. Natürlich so, wie sie es von ihrer Familie her kennen! Und jetzt hat der andere, mit dem einen doch so viel verbindet und dem man sich manchmal so nahe fühlt, ganz andere Ideen. Das ist wie ein Guss mit eiskaltem Wasser.

Beide halten die Gebräuche und Regeln ihrer Familie selbstverständlich für richtig. Deshalb wollen sie es in ihrem Zuhause genauso weiter machen. Aber der andere will nicht! Angesichts dieser Enttäuschung ist es das Einfachste, dem Partner bösen Willen zu unterstellen oder seine Ideen abzuwerten.

Die Schwiegereltern, ja mehr noch – die ganze Familie des Partners wird „mitgeheiratet". Denn der Partner bringt die Regeln und Traditionen aus seiner Familie mit. Jeder ist fest davon überzeugt, dass die Regeln, die er bisher aus seiner Familie gut gefunden hat, die richtigen sind. Folglich müssen die Regeln des anderen falsch sein. (Das gilt natürlich auch, wenn man als Paar nicht verheiratet ist!)

„Damit eine Paarbeziehung gelingt, muss jeder der Partner seine eigene Familie verlassen. Nicht nur im äußeren Sinne, sondern jeder muss auch einige Prinzipien, die in seiner Familie gelten, lassen und mit seinem Partner neue Prinzipien aushandeln, die sozusagen beiden Familien gerecht werden. Auf dieser neuen Ebene kann das Paar eine innige Beziehung leben. Manche sagen: ‚Meine Familie ist okay, aber die des Partners ist schlecht.' Das wirkt wie Gift für die Paarbeziehung. Wer einen Partner heiratet, muss die Familie des anderen mitheiraten. Das heißt, er muss die Familie des Partners achten und lieben, als wäre es der Partner selbst. Nur dann kann diese Liebe gelingen." (Hellinger)

Natürlich unterscheiden sich auch die Prinzipien der Kindererziehung der Familien. Es geht nicht gut, wenn nur Prinzipien der einen Familie in der Erziehung vorherrschen.

Marion und Burkard gehen mit ihrem 7-jährigen Sohn zum Italiener essen. Philipp bestellt sich Spaghetti. Kaum sind die Spaghetti serviert, schneidet er sie mit Messer und Gabel klein. Burkard stöhnt genervt auf: „Wann lernt der Junge endlich ordentlich seine Spaghetti mit Löffel und Gabel zu essen?" Philipp schaut seine Mutter an.

Doch Marion nickt ihm nur zu und sagt: „Mach nur weiter, Philipp, bei uns zu Hause wurden die Spaghetti auch geschnitten. Dann kann man sie besser essen. Nicht wahr?"

Wie isst man Spaghetti? Wer hat recht, Marion oder Burkard? Aber das ist hier die falsche Frage! Es geht nicht um richtig oder falsch, sondern darum, ob sich der eine gegen den anderen durchsetzt oder ob beide Regeln gelten dürfen oder auch, ob neue Regeln zwischen einem Paar ausgehandelt werden. Wenn einer sich durchsetzt, dann ist das immer auf Kosten des anderen. Das hat keine gute Wirkung auf das Paar und die Kinder.

Hellinger berichtet in einer kleinen Geschichte, wie ein Lehrer erzählt, was die Regeln für die richtige Erziehung sind:

„1. In der Erziehung ihrer Kinder halten der Vater und die Mutter unterschiedlich das für richtig, was in ihrer eigenen Familie entweder richtig war oder gefehlt hat.

2. Das Kind folgt und anerkennt als richtig, was seinen beiden Eltern entweder wichtig ist oder fehlt.

3. Wenn sich einer der Eltern gegen den anderen in der Erziehung durchsetzt, verbündet sich das Kind mit dem, der unterliegt."

Anregungen: Frühere Beziehungen/Regeln der eigenen Familie

Frühere Partner und Partnerinnen spielen unbewusst für unser weiteres Leben eine wichtige Rolle. Deshalb ist es sinnvoll, darüber mehr Klarheit zu gewinnen.

Wer gehört zu den Männern/zu den Frauen ihres Lebens?

Welche Trennungen waren abrupt und/oder im Streit?

Gibt es jemand dabei, mit dem Sie zwar „abgeschlossen" haben, sich aber doch noch verbunden fühlen?

Gibt es jemanden, den Sie am liebsten aus ihrem Leben streichen würden?

Stellen Sie sich die Reihe ihrer ehemaligen Partner oder Partnerinnen vor dem inneren Auge vor.

Mit wem fühlen Sie sich im Reinen? Mit wem nicht?

Es ist wichtig für unsere Beziehung und für die Erziehung der Kinder, dass wir die Prinzipien aus unserer Familie und der Familie unseres Partner gelten lassen, bzw. dass wir neue Prinzipien gemeinsam mit unserem Partner kreieren. Dazu ist es nötig, diese Prinzipien etwas zu erforschen.

Welche Regel haben Sie als Kind oft von Ihren Eltern gehört?

Welche Regeln waren bei Ihnen zu Hause „ungeschriebene Gesetze"?

Welche Prinzipien im Zusammenleben sind Ihnen wichtig? Welche nicht so?

Welche Prinzipien in der Erziehung sind Ihnen wichtig? Welche nicht so?

Wo unterscheiden sich Ihre Erziehungsregeln von denen Ihres Partners?

Setzen Sie sich durch? Oder Ihr Partner?

Wie geht es Ihnen dabei?

Gibt es Regeln, die neu von Ihnen beiden „erfunden" werden müssten?

Kapitel 3

Und plötzlich waren's drei:
vom Paar zur Familie

Thorsten und Claudia sind seit 3 Jahren ein Paar. Nun ist Claudia schwanger und erwartet ein Kind. Beide sind sehr glücklich darüber, und auch ihre Familien freuen sich über den Nachwuchs.

Als eine gemeinsame Freundin die beiden fragt, ob sie keine Angst vor der Veränderung in ihrem Leben haben, antwortet Claudia: „Na ja, so viel verändert sich doch nicht, am Anfang werden wir uns wohl die Nächte um die Ohren schlagen. Und nach dem Mutterschaftsurlaub werde ich nur noch halbtags arbeiten, aber im Großen und Ganzen bleibt doch das meiste wie es war."

Und auch Thorsten sieht keine großen Veränderungen auf sie zukommen: „Wir sind halt dann zu dritt! Und wenn wir etwas unternehmen, nehmen wir das Baby einfach mit."

Paare, die bereits ein Kind oder mehrere Kinder bekommen haben, werden lächeln, wenn sie die Erwartungen von Claudia und Thorsten lesen. Vielleicht werden sie daran zurückdenken, dass sie damals, vor dem ersten Kind, ähnlich naiv an ihre gemeinsame Zukunft zu dritt dachten. Denn was sie sich damals nicht vorstellen konnten: ein Kind zu bekommen, ändert das Leben von Mann und Frau radikal.

So beschreibt Susanne Gaschke unter dem Titel „Das ewige Familien-Drama. Mit Kindern ist alles anders als ohne sie", wie ein Kind oft mit einem Schlag aus einem sehr jungen, unbeschwerten einen sehr erwachsenen, geerdeten Menschen macht.

„Das geschieht uns, wenn wir Kinder zur Welt bringen. Und weil es so ungeheuer schwierig ist, sich im frühen Zustand der Unschuld jenes gereifte, sorgen- und verantwortungsvolle Nachher vorzustellen, sind alle Entscheidungen, die wir in diesem Zustand zu treffen glauben, bis zu einem gewissen Grad Selbsttäuschungen. Verlässlich gelten allein die zwei Grundregeln, dass mit Kindern alles anders ist als ohne sie; und dass es einen idealen Zeitpunkt für ihre Geburt nicht gibt."

Wenn aus einem Paar Eltern werden

Isa und Max stehen vor dem Bettchen ihres drei Tage alten Kindes und kommen aus dem Staunen nicht mehr heraus. Da liegt nun auf einmal so ein kleiner Mensch. Isa und Max schauen sich ein bisschen stolz an. Das also ist ihr Kind. Sie sind jetzt Eltern!

Aus einem Paar wird durch die Geburt eines Kindes eine Familie mit Vater, Mutter und Kind. Das ist eine radikale Veränderung. Zu der Paarbeziehung kommt die Eltern-Kind-Beziehung. Mann und Frau werden zu Vater und Mutter.

So lange ein Paar nur zu zweit ist, ist die wichtigste Person der andere. Mit ihm will man sein Leben teilen, auf ihn bezieht man sich. Meistens schon im Verlauf der Schwangerschaft wird das Kind als neue Person in der Beziehung erlebt. Spätestens aber mit der Geburt des Kindes wird aus der Beziehung von zwei Partnern eine Dreierbeziehung.

Ist das Kind auf der Welt, ändert sich vieles. Die Eltern-Kind-Beziehung ist gerade am Anfang viel intensiver als die

Paarbeziehung. Weil das Baby hilflos ist, braucht es die volle Aufmerksamkeit.

Dabei hat überwiegend die Mutter die Rolle der Bezugsperson, der Mann die Rolle des Versorgers. Das ist auf der einen Seite gesellschaftlich bedingt. Wenn es beispielsweise zuwenig Kinderkrippen gibt, muss die Mutter notwendigerweise viel länger den ganzen Tag für ihr Kind sorgen, als wenn es viele Kinderkrippen gibt. Und wenn eine Frau, wie in früheren Zeiten, 15 Kinder zur Welt brachte, dann war der Mann, ob er wollte oder nicht, in die Rolle des Versorgers gedrängt.

Aber augenfällig gibt es auch biologische Gründe, dass es die Mutter so stark dahin zieht, sich um ihr Baby zu kümmern. Es ist in ihrem Bauch gewachsen. Sie hat seine ersten Bewegungen gespürt, aus ihrem Körper hat es die Nährstoffe zu seinem Wachstum gezogen. Sie bringt es zur Welt und riskiert dabei – trotz aller Errungenschaften der modernen Medizin – ihr Leben. Sie hat die Brust, die dem Baby die erste natürliche Nahrung gibt. So hat sie eine besonders enge Beziehung mit dem Kind.

Deshalb bleibt meist die Mutter zunächst zu Hause bei dem Kind, bleibt weiter in dieser innigen Beziehung mit ihm und sorgt für das Kind. Der Vater, der im Beruf steht und viel Zeit von zu Hause weg ist, ist damit ein Stück außerhalb dieser intensiven Mutter-Kind-Beziehung.

Gerade in der ersten Zeit nach der Geburt verlangt das Baby alle Kraft von einem Paar. Es ist dann kaum mehr Zeit, die Paarbeziehung wie vor der Geburt zu pflegen. Beide erleben sich nur noch als Vater oder Mutter. Sie gehen ganz in der neuen Rolle auf. Ein Zeichen dafür ist es, wenn der Ehemann auch für die Frau zum „Papa" oder „Vati" wird und die Ehefrau für den Ehemann die „Mama" oder „Mutti".

Monika und Marco haben ihr erstes Kind bekommen. Ma-
ximilian ist ein „Schreikind„. Schon gleich nach der Ge-
burt brüllt er wie am Spieß und lässt sich kaum beruhigen.
Später im Roomin-in-Zimmer schreit er viel öfter und län-
ger als die anderen Neugeborenen. Auch zu Hause ist er
sehr unruhig und schreit viel.

Nur wenn Monika ihn herumträgt, ist er ruhig. Monika
besorgt sich deshalb ein Tragetuch und hat Maximilian
fast den ganzen Tag umgebunden. Auch nachts ist Maxi-
milian äußerst anstrengend. Fast stündlich schreit er, und
Monika und Marco wechseln sich damit ab, Maximilian
herumzutragen. Nach ein paar Wochen teilen sich Monika
und Marco den „Nachtdienst“ ein. Maximilian wird älter,
aber es ändert sich nicht viel. Er bleibt ein Kind, das viel
Aufmerksamkeit braucht und nachts nicht durchschläft.

An Maximilians erstem Geburtstag sind Monika und
Marco fast am Ende ihrer Kräfte.

Monika und Marco brauchen ihre ganze Kraft für ihr Kind.
Sie stehen in einer schwierigen Phase und sind als Mutter
und Vater voll gefordert. Es bleibt kaum noch Zeit und
Raum für sie selbst und ihre Beziehung.

Ein junges Pärchen turtelt ständig miteinander. Eltern
haben dieses frühe Stadium der Beziehung (zumindest die
überwiegende Zeit) hinter sich gelassen. Sie sind in eine
neue, ernsthafte Phase ihrer Beziehung getreten. Die Sorge
für die Kinder verlangt gerade in den ersten Lebensmonaten
oft alle Kräfte. Ausschlaggebend für die Qualität der Paar-
Beziehung ist, wie beide innerlich zueinander stehen.
Außenstehende können es oft mehr ahnen, an kleinen Ge-
sten ablesen als tatsächlich beobachten.

Die Paarbeziehung bleibt die Quelle und Grundlage des
Zusammenlebens zu dritt. Wenn Frau und Mann nur noch
auf das Kind sehen und den anderen dadurch aus den Augen

verlieren, leidet die Beziehung. Wenn die Frau in ihrem Mann nur den Vater der Kinder sieht und der Mann in der Frau nur die Mutter der Kinder, dann ist etwas Entscheidendes verloren gegangen.

Elternschaft birgt die Gefahr in sich, dass man nur noch mit oder über die Kinder spricht. Ansonsten schwindet das Gemeinsame. Die Frau wird unzufrieden, dass der Mann zuwenig im Haushalt hilft und zuwenig zu Hause ist. Der Mann beschwert sich, dass die Frau kein Interesse an ihm, und kein Interesse mehr am Sex hat. Keine Paarbeziehung hält das lange aus, sie geht dann kaputt.

Um die gute Beziehung als Mann und Frau zu pflegen oder wiederzugewinnen, ist vor allem Zeit notwendig. Monika und Marco brauchen Zeit für einander, in der beide nicht die Elternrolle ausfüllen müssen. Das ist die Zeit miteinander ohne Maximilian, egal ob sie etwas gemeinsam nur zu zweit unternehmen oder ob sie Zeiten in der Woche haben, wo Maximilian z.B. bei der Großmutter ist.

Natürlich gibt es heute mehr und mehr Alleinerziehende aus den verschiedensten Gründen. Aber die meisten empfinden das Alleinerziehen zunächst als einen Mangel, den sie nach besten Kräften auszugleichen versuchen. Auch Alleinerziehende brauchen diese Zeit für sich, wo sie sich ohne das Kind erholen können, mehr noch als ein Paar, das sich gegenseitig stützt.

Erst durch ein Paar entstehen Kinder. Deshalb hat die Paarbeziehung Vorrang vor der Eltern-Kind-Beziehung. Oder wie Bert Hellinger es ausdrückt: „. . . ihre Liebe als Paar geht ihrer Liebe als Eltern voraus und, wie die Wurzeln den Baum, so trägt und nährt ihre Liebe als Paar auch ihre Liebe als Eltern zum Kind."

Für Monika und Marco ist wichtig, die Paarbeziehung vor lauter Elternglück (oder Elternfrust) nicht aus den Augen zu verlieren, sondern sie zu pflegen. Ein Paar, das gut zusammenlebt, schöpft Kraft aus seiner Beziehung. So ist eine gute Beziehung die beste Grundlage, um Kinder groß zu ziehen.

In einer solchen Familie speist sich die Kraft für die Sorge für die Kinder aus der Liebe und Achtung zwischen Mann und Frau. Je besser die Paarbeziehung ist, desto besser können die Eltern zum Wohl des Kindes zusammenwirken. Das Paarsein nährt das Elternsein. Und Kinder, die erleben, wie ihre Eltern liebevoll miteinander umgehen, fühlen sich geborgen.

In einem Kurs von Bert Hellinger erzählt eine Frau, wie schwierig es für sie ist, der Partnerbeziehung den ersten Platz einzuräumen. Ihr erster Impuls geht zum Kind, wenn der Sohn etwas von ihr will. Sie hat oft das Gefühl, ihre Paarbeziehung leidet darunter. Bert Hellinger antwortet ihr darauf: „Ich gebe dir einen kleinen Tipp: Wenn du dich dem Sohn zuwendest, wende dich im Sohn seinem Vater zu. Gleichzeitig."

So kommt die Frau auch ihrem Mann nah, wenn sie liebevollen Kontakt zum gemeinsamen Kind hat. Eltern begegnen sich in den Kindern. Wenn sie sich dessen bewusst sind, werden sie statt enger weiter in ihrer Liebe.

Kinder lieben ihre Eltern bedingungslos

Irene ist ein Adoptivkind. Sie wurde von ihrer Mutter gleich nach der Geburt in ein Kinderheim gegeben. Als sie drei Jahre alt war, wurde sie von einer Familie adoptiert.

Die Adoptivmutter fand den Namen Irene zu altmodisch und ließ Irene in Katrin umbenennen. Irene/Katrin war ein unruhiges Kind, immer zappelig und unkonzentriert. Ihre Adoptiveltern kamen nicht mit ihr zurecht und gaben sie mit 9 Jahren wieder zurück ins Heim. Erst zu dieser Zeit erfuhr Irene/Katrin auch, dass sie adoptiert war.

Als Irene/Katrin mit 18 Jahren aus dem Heim entlassen wurde, suchte sie ihre Adoptiveltern auf, um Licht in ihre Herkunft zu bekommen. Sie erfuhr von ihnen, dass Irene ihr eigentlicher Name ist. Sie ging mit ihrer Geburtsurkunde zum Standesamt, ließ Katrin wieder in Irene ändern und begab sich auf die Suche nach ihrer Mutter. Sie forschte auf dem Jugendamt nach, auf dem damals ihre Geburt gemeldet wurde. Sie schrieb Briefe an Frauen, die zur Zeit ihrer Geburt den gleichen Namen trugen wie ihre Mutter und in der Nähe des Geburtskrankenhauses gemeldet waren. Keine der angeschriebenen Frauen hat sich als ihre Mutter zu erkennen gegeben.

Mittlerweile ist Irene 28 Jahre und sie sucht weiter nach ihrer Mutter.

Die Sehnsucht nach den leiblichen Eltern ist etwas, was nicht aufhört. Adoptierte Kinder quält ein elementares Bedürfnis, die leiblichen Eltern kennen zu lernen, nicht eheliche Kinder drängt es zu wissen, wer ihr Vater ist. Das Brennende dieses Verlangens mag jemandem, der mit seinen eigenen Eltern aufgewachsen ist, kaum vorstellbar scheinen.

Warum nun ist dieses Verlangen so groß? Warum suchen auch Adoptivkinder, die in ihren Adoptivfamilien glücklich aufwachsen, ihre leiblichen Eltern?

Das Verhältnis zwischen Eltern und Kindern lässt sich mit nichts vergleichen. Es ist einzigartig und einmalig.

Jede andere Beziehung lässt sich willentlich beenden. Man kann sich von Freundinnen und Freunden, von Ehemännern und Ehefrauen trennen. Doch was Eltern und Kinder in der Tiefe miteinander verbindet, unterscheidet sich von allen anderen persönlichen Beziehungen. Wer Vater oder Mutter ist, wird es seinem Kind gegenüber ein Leben lang bleiben. Und auch das Kind wird immer das Kind seiner Eltern bleiben. Dieses besondere Band zwischen Eltern und Kindern ist unauflöslich.

Die dreijährige Paula zupft ihren Papa an der Jacke. Sie macht ein wichtiges Gesicht. „Papa, ich will dir was sagen. Aber es darf niemand sonst hören." Also darf Paula auf den Schoß krabbeln. Voller Begeisterung strahlt sie ihren Papa an. Dann flüstert sie ihm ins Ohr: „Papa, wenn ich groß bin, dann heirate ich dich."

Kinder haben eine grenzenlose Liebe für ihre Eltern. Je jünger die Kinder sind, desto unverhüllter tritt diese Liebe zutage. Kinder, die ihren Eltern mit strahlenden Augen entgegenrennen, den Eltern klebrige Küsse auf die Wange drücken oder ein: „Ich hab dich sooo lieb" in die Ohren flüstern. Eltern wissen von dieser Liebe ihrer Kinder. Sie begegnen ihr tagtäglich.

Wenn die Kinder älter werden, scheint diese Liebe oft zu verschwinden. Die Fünfjährige sagt: „Mama, du bist doof!", der 10-jährige weist Schmusen und eine Umarmung schroff zurück, die 15-jährige ist prinzipiell gegen ihre Eltern. Und wenn wir uns umschauen, entdecken wir viele Familien, in denen das Verhältnis zwischen Eltern und erwachsenen Kindern belastet oder schwer gestört ist.

Die Liebe vom Kind zu den Eltern scheint also etwas Vorübergehendes, Flüchtiges zu sein. Eltern haben deshalb bisweilen das Gefühl, sich die Liebe ihrer Kinder erwerben und verdienen zu müssen. Oder sie geben sich besondere Mühe, dieser Liebe gerecht zu werden. Sie tun vieles, um die Liebe ihres Kindes ja nicht zu verlieren.

Eine Reihe von therapeutischen Ansätzen unterstützen diese Bemühungen. Ihre Vertreter gehen davon aus, dass dem Kind gar nichts anderes übrig bleibt, als seine Eltern zu lieben. Um zu überleben, muss sich das abhängige und bedürftige Kind an die Eltern, deren Verhalten und Wünsche anpassen. Weil es die Fürsorge der Eltern braucht, tut das Kind alles, um sie zu erlangen, und es verrät sich damit. So sind die Kinder die Geschädigten ihrer familiären Umstände und insgeheim zornig auf die Eltern.

Wer als Vater oder Mutter davon hört, bekommt – fast naturgemäß – ein schlechtes Gewissen. Es ist ja auch eine grauenhafte Vorstellung: Da gibt es ein kleines, unschuldiges, abhängiges Geschöpf, das sich aus Angst verbiegt, um es den Eltern recht zu machen. Und dann gibt es die Bösen, das sind die Eltern, die es manipulieren und verbiegen.

Aber diese Sichtweise wird dem Verhältnis von Eltern und Kindern nicht in allen Dimensionen gerecht. Denn wer heute Eltern ist, war gestern selbst ein Kind von Eltern. Und die Kinder von heute sind die Eltern von morgen. Der Pol, dass Kinder bedürftig sind und sich anpassen, existiert und ist wichtig. Aber er ist nur die eine Seite dieser Beziehung, die negative Seite.

Der andere Pol der Beziehung zwischen Eltern und Kindern ist positiv. In Familienaufstellungen sehen wir immer wieder, dass die Liebe von Kindern zu Eltern viel größer ist, als den meisten von uns bewusst ist. Schaut man tief genug zu den Wurzeln der Verbindungen von Kindern mit ihren Eltern, wird eine tiefe und ursprüngliche Liebe der Kinder zu ihren Eltern deutlich.

Kinder lieben Vater und Mutter mit bedingungsloser Liebe und einer enormen Kraft und Hingabe. Wenn erforderlich, sind Kinder bereit, ihr Leben für ihre Familie hinzugeben. Ein Leben lang bleiben sie tief mit ihren Eltern und ihrer Familie verbunden. Dieses Band ist unabhängig vom aktuellen Kontakt, also z. B. bei wem das Kind aufwächst und den bestehenden Gefühlen an der Oberfläche („Meinen Vater mag ich, aber nicht meine Mutter").

Eltern, die von dieser Liebe der Kinder wissen, können entspannen. Sie müssen sich die Liebe ihrer Kinder nicht verdienen.

Aber warum gibt es dann diese Schwierigkeiten mit den Kindern? Die Eltern geben sich alle Mühe, doch die Kinder sind trotzig und aufsässig. Das scheint doch mit Liebe unvereinbar zu sein. Wo soll da die Liebe stecken?

Schon die herkömmliche systemische Familientherapie hat herausgefunden, dass die Liebe der Kinder zu den Eltern an der Oberfläche nicht immer sichtbar ist. Sie besteht im Verborgenen unter der alltäglichen Oberfläche. Manchmal zeigt sie sich gerade in einem Verhalten, das lieblos und völlig entgegengesetzt wirkt.

Marc hält seine Eltern auf Trab. Er zappelt und hampelt ständig herum. Er kann nicht stillsitzen und er kann sich nicht konzentrieren. Andauernd fällt ihm etwas herunter oder er macht etwas kaputt. Unablässig spricht er dazwischen, wenn sich seine Eltern unterhalten.

Anja und Rainer, seine Eltern, sind verzweifelt. Sie fragen sich, was sie falsch machen. Anja klagt einer Freundin ihr Leid: „Wir werden noch wahnsinnig mit Marc. Wir versuchen es im Guten und im Bösen mit ihm, aber nichts hilft. Wir kommen zu nichts anderem mehr, so beschäftigt er uns. Ich schimpfe jeden Tag hundertmal mit ihm, aber umsonst. Vielleicht sollte er den Kindergarten wechseln. Vorher war er doch nicht so."

Marc bringt seine Eltern zur Verzweiflung. Irgend etwas kann nicht mit ihm stimmen. Vielleicht ein neurologischer Defekt?

Was Anja und Bernd vergessen haben: Kurz bevor Marc in den Kindergarten kam, hatten sie eine große Ehekrise, bei der sie an Trennung dachten. Dann fing Marc mit seinen Störungen an, und seitdem ist Trennung kein Thema mehr.

Marc hält seine Eltern unbewusst zusammen. Er liebt seine Mutter und seinen Vater und möchte beide behalten. Dadurch, dass er sie ständig in Atem hält und beschäftigt, hält er die Eltern davon ab, sich zu trennen. Marc verhält sich nach dem Motto: „Ich zappele und hampele herum und lasse mich schimpfen, wenn nur dafür Mama und Papa zusammenbleiben."

Aber was ist mit den Streitigkeiten und Auseinandersetzungen zwischen heranwachsenden und erwachsenen Kindern und Eltern? Die Kinder werfen den Eltern ihre Fehler vor, ihre Versäumnisse und Verletzungen. Immer wieder kommt es auch zu einem völligen Bruch zwischen Eltern und Kindern. Wo soll sich da die Liebe verbergen?

Wenn wir von der Liebe der Kinder zu den Eltern sprechen, haben wir oft ein bestimmtes Bild von Liebe vor Augen: Das Kind ist nett und freundlich, es geht „liebe-voll" mit seinen Geschwistern und Eltern um, es ist leicht zu lenken, ein Sonnenschein, kurzum: es macht den Eltern keine Schwierigkeiten.

Doch auch wenn das Kind ein kleiner Zornteufel ist, kann das Ausdruck von kindlicher Liebe sein. Die Liebe der Kinder zeigt sich darin, dass sie ihren Eltern ähnlich sind. Das ist die tiefste Form von Verbindung. Kinder übernehmen Gefühle und Verhalten von ihren Eltern.

Ein Satz, den an dieser Stelle Kinder in Aufstellungen den Eltern sagen, und der Zustimmung findet, ist: „Ich bin dir ähnlich – aus Liebe." Deshalb haben ein zorniger Vater oder eine zornige Mutter ein zorniges Kind. Kinder teilen diese Gefühle.

Robert hat immer wieder Stress mit seinem 16-jährigen Sohn Benjamin. Besonders schwierig wird es am Wochen-

ende, wenn Benjamin abends mit seiner Freundesclique etwas unternehmen will. Robert besteht darauf, dass Benjamin um 10 Uhr zu Hause ist. Doch Benjamin weigert sich. Er will länger unterwegs sein. „Ich mach´, was ich will!" zischt Benjamin seinem Vater entgegen. Robert zischt zurück: „Wenn du nicht pünktlich bist, gibt es Internetverbot!" „Wir werden ja sehen", blafft Benjamin zurück und wirft krachend die Tür ins Schloss.

Kinder verhalten sich ähnlich wie die Eltern, als sie im gleichen Alter waren. Es gibt sozusagen Familientraditionen mit bestimmten Verhalten. Da gibt es beispielsweise Familien, in denen die Mädchen alle mit 19 zum ersten Mal schwanger werden, in denen immer ein Junge in ein anderes Land auswandert, oder eine große Liebe zur Seefahrt besteht, obwohl die Familie schon immer im Binnenland lebt.

Eine Verbindung zwischen den Kindern und den Familien der Eltern kann auch über Krankheiten, über Unfälle, ja sogar über Erbschaftsschwierigkeiten bestehen. Da gibt es die Familien, in denen fast in jeder Generation eine Frau an Brustkrebs erkrankt oder sich in jeder Generation die Geschwister bei der Erbschaft verkrachen, ganz egal, wie gut das Testament vorbereitet war. All dies geschieht aus dieser umfassenden Verbindung zur Familie.

Wenn Robert nachdenkt, dann tauchen Erinnerungen an ähnliche Szenen in seiner Jugend auf. Selbstverständlich hat er sich von seinem Vater nicht alles gefallen lassen! Der einzige Unterschied: Damals war er, Robert, der aufmüpfige 16-jährige und sein Vater war der Strenge, Schimpfende.

Wer als Sohn zu dieser Familie gehören will, muss sich gegen seinen Vater auflehnen. Das ist seit vielen Generationen so. Und die Väter sind jeweils zunächst streng, zornig und verständnislos.

Kinder, die unter der Erziehung ihrer Eltern gelitten haben, sagen sich oft innerlich: „Ich werde es anders und besser machen als ihr!" Eine leise Verachtung für die Eltern schwingt in solchen Sätzen mit, und sie kommen sich besser und fähiger als die Eltern vor. Später, dann wenn sie selbst Eltern geworden sind, werden sie feststellen müssen, wie ähnlich sie ihren Eltern trotz aller Anstrengungen geworden sind.

Auf diese Weise sind sie ihrer Familie treu geblieben – auch wenn sie die Ähnlichkeit vergessen oder übersehen.

Aber es gibt noch andere Formen dieser Verbindung der Kinder mit ihren Eltern:

Johannes streitet sich ständig mit seiner kleineren Schwester Nina. Nina zahlt mit gleicher Münze zurück. Ja, oft provoziert sie den Bruder sogar noch. Täglich gibt es lautstarke Kämpfe zwischen ihnen. Die Eltern Gertrud und Helmut können das nicht verstehen. Ihnen gehen die Konflikte schrecklich auf die Nerven. Sie sind da ganz anders. Sie führen, wie sie selbst sagen, eine harmonische Ehe. Streitigkeiten gibt es fast nie. Woher haben Nina und Johannes das nur?

Wie ist das bei Johannes und Nina? Da gibt es doch keine Ähnlichkeit mit den Eltern! Gertrud und Helmut kennen doch kaum Konflikte, und Harmonie geht ihnen über alles. Und trotzdem haben sie zwei sehr streitsüchtige Kinder.

Kinder erspüren auch versteckten und unterdrückten Zorn. Sie übernehmen ihn und drücken ihn aus. Wenn Helmut und Gertrud ehrlich sind, dann müssen sie zugeben, dass sich in den Jahren ihrer Ehe schon eine Menge Frust angesammelt hat. Sie bewältigen ihn, indem jeder sich mehr auf seinen Bereich zurückzieht. Helmut geht ganz in seinem Beruf und seinem Hobby Bergsteigen auf. Gertrud widmet sich dem Haushalt und in jeder freien Minute reitet sie leidenschaftlich gern.

Unter der Oberfläche herrschen also Spannungen, die aber zugedeckt werden. Die Kinder Johannes und Nina spüren die Spannungen. Sie drücken sie aus, indem sie streiten. Fast könnte man sagen: Solange die Kinder miteinander kämpfen, können die Eltern friedlich bleiben.

Wer von dieser Liebe der Kinder zu den Eltern weiß, kann als Vater oder Mutter entspannen. Dieses tiefe Band ist immer vorhanden. Äußere Umstände können ihm nichts anhaben.

Einmischen für Kinder nicht erlaubt!

Martina und Klaus sind seit 20 Jahren verheiratet. Sie haben eine Tochter Klara mit 15 Jahren und einen Sohn Fabian mit 17. Seit einiger Zeit kriselt es in der Ehe. Martina ist frustriert und leidet still.

Klara widerspricht ihrem Vater seit einiger Zeit ständig, ist aufsässig und unausstehlich. Sie hetzt bei ihren Freundinnen und in der Verwandtschaft über ihren Vater. Die Lage spitzt sich von Tag zu Tag zu.

Vor ein paar Tagen stand sie während eines Streits auf und schrie laut: „Ich finde es so übel, wie du Mama behandelst! Ich verachte dich." Dann lief sie aus dem Zimmer.

Außerdem drängt Klara ihre Mutter, sich vom Vater zu trennen. „Du hast einen Besseren verdient, das ist doch kein Mann für dich."

Klara mischt sich in die Beziehung der Eltern ein. Die geht sie als Kind aber nichts an. Die Beziehung als Paar ist ausschließlich die Sache der Eltern. Die Beziehung als Paar kann schwierig oder unmöglich sein – trotzdem muss das

Elternpaar allein damit klar kommen. Ganz gleich, in welcher Form Kinder helfen wollen, ihre Unterstützung stört.

Hier will Klara insbesondere der Mutter helfen. Ihren Vater kann sie nicht ausstehen. Wo ist da die Liebe zu beiden, von der vorhin gesprochen wurde?

Ein Kind liebt immer beide, Mutter und Vater. Wenn wie hier ein Kind einen Elternteil verachtet, ist dieses natürliche Band der Liebe durch irgendeinen Einfluss in den Untergrund gedrückt.

Auch Klara liebt beide Eltern. Nun sieht sie die Mutter leiden und spürt die unausgedrückte Wut und Verachtung der Mutter gegenüber dem Vater. Oft schlägt sich bei unausgesprochenen Konflikten, bei einem Ehekampf, das Kind auf die jeweilige gleichgeschlechtliche Elternseite. Die Tochter tritt an die Seite der Mutter und der Sohn an die Seite des Vaters. Das Kind drückt dann die Gefühle dieses Elternteils aus.

Hier spürt Klara die Gefühle ihrer Mutter, übernimmt sie und drückt sie aus. Das Fatale an dieser Art von Mittragen ist, dass dadurch der Kontakt zum Vater schwer gestört wird.

Indem Klara die Mutter „vertritt", sich im Ehekampf auf ihre Seite stellt, wird sie größer, oder wie der Sozialwissenschaftler Gerhard Amendt es ausdrückt, sie bekommt „für ihr Alter eine unangemessene Erhöhung". Aus dieser „Erhöhung" heraus ist es für Klara schwer, wenn nicht gar unmöglich, als Kind zum Vater zu gehen. Das ist schlimm für Klara, weil sie den Vater dadurch ein Stück weit verliert.

Es liegt an den Eltern, hier in erster Linie an der Mutter, das Kind zu entlasten. Das Kind lädt sich etwas auf, was nicht seine Sache ist. Deshalb müssen die Eltern die Last von seinen Schultern nehmen und als die ihre weitertragen.

Klara ist kaum geholfen, wenn nun ihre Mutter den Frust über ihre Ehe und die Verachtung ihrem Mann bei

Tisch entgegenschleudert. Aber hilfreich ist es, wenn ihre Eltern Martina und Klaus sich tatsächlich auseinander setzen und ihre Konflikte austragen, zu zweit oder mit Unterstützung wie durch eine Eheberatung.

Die innere Haltung für die Mutter Martina gegenüber Klara ist: „Ich sehe, du bist so wütend auf den Papa. Das mit dem Papa, das erledige ich. Die Auseinandersetzung ist nur seine und meine Sache. Du darfst deinen Papa lieb haben."

Vielleicht kann man solche oder ähnliche Sätze auch dem Kind in einem ruhigen Moment sagen. Wenn das Kind widerspricht, ist es wichtig, sich nicht in eine Diskussion verwickeln zu lassen, sondern das Gesagte einfach stehen zu lassen. Tief im Inneren entlasten solche Aussagen ein Kind.

Anregungen: Nicht nur Eltern sein

Gerade wenn man Kinder hat, ist es wichtig, sich die Zeit für sich als Paar zu suchen und zu nehmen. Erinnern sie sich, dass Sie indirekt auch etwas für das Glück der Kinder tun, wenn Sie für sich als Paar sorgen. Denn Kinder fühlen sich am wohlsten, wenn sie sehen, dass Mama und Papa sich lieben, miteinander reden, lachen und Spaß miteinander haben.

Setzen Sie einmal am Abend oder am Wochenende bewusst die Mama/Papa-Brille ab und schauen Sie den Partner bewusst nur als Mann und Frau an.

Haben Sie keine Schuldgefühle, wenn Sie etwas zu zweit unternehmen und das Kind, die Kinder bei einem Babysitter oder der Oma lassen.

Lassen Sie Unternehmungen zu zweit wieder aufleben, die Sie als frisch verliebtes Paar gemacht haben wie Theater, Kino, Essen gehen usw.

Gönnen Sie sich auch einmal einen Babysitter untertags, um Zeit für sich zu haben.

Schauen Sie, dass Sie immer wieder auch (Urlaubs-)Tage für sich selbst zu zweit haben.

Reden Sie mehr miteinander – eine sehr empfehlenswerte Form ist das Zwiegespräch, wie es Moeller in seinem Buch „Die Wahrheit beginnt zu zweit. Paare im Gespräch„ beschreibt.

Wenn sie alleinerziehend sind:

Unternehmen Sie etwas, allein oder mit Freunden, was Sie gern vor der Geburt Ihres Kindes gemacht haben.

Lassen Sie Ihr Kind ab und zu ohne Schuldgefühle bei Oma oder Babysitter.

Machen sie regelmäßig etwas ohne Kind.

Kapitel 4

Eltern und Kinder – die „Großen" und die „Kleinen"

Schon allein die Formulierung dieser Überschrift mag den/die eine/n oder andere/n LeserIn empören. Wird nicht durch solche Formulierungen eine unserer Zeit nicht mehr gemäße Hierarchie heraufbeschworen? Bilder von Unterdrückern und Unterdrückten mögen bei dem Gedanken daran auftauchen.

Ziel ist doch heute das partnerschaftliche Zusammenleben in einer Familie und dazu ist es wichtig, die grundsätzliche Gleichheit zu betonen statt der Unterschiede!

Nun gibt es zweierlei Verständnis von Partnerschaft in der Familie. Einmal wird darunter verstanden, dass „die Partner" aufeinander Rücksicht nehmen, sich achten und sich akzeptieren. Diese Form der Partnerschaft in der Familie halten wir für notwendig, sinnvoll und begrüßenswert.

Zum anderen wird darunter verstanden, dass die Eltern die Kinder als „gleich" empfinden und deshalb auch so behandeln wie Gleichberechtigte, möglichst in allen Bereichen.

Aber die Partner in der Familie, die Eltern und Kinder, sind nicht gleich, sondern unterschiedlich. Jeder Mutter und jedem Vater ist klar, dass das partnerschaftliche Miteinander, bei dem jede Stimme – die der Eltern und die der Kinder – gleich zählt, nicht von vornherein möglich ist. Ein Baby kann noch kein gleichberechtigter Partner sein, genauso wenig wie ein fünfjähriges oder zehnjähriges Kind.

Aber mit zunehmendem Alter wird das Gewicht der Stimme des Kindes steigen und die Entscheidungen der Eltern mit beeinflussen.

Dennoch bleibt ein grundsätzlicher Unterschied, und Eltern wie Kinder wissen darum.

Von der natürlichen Ungleichheit:
Wer gibt – wer nimmt?

Konstanze ist in der letzten Schwangerschaftswoche. Sie erwartet ihr erstes Kind. Mitten in der Nacht wacht sie auf von einem Druck in ihrem Kreuz und einem leichten Ziehen im Bauch.

„Ob das Wehen sind?" schießt es ihr durch den Kopf. Sie schubst Erik an, der neben ihr schläft. „Du, ich glaube es geht los!" Konstanze und Erik sind aufgeregt. Sie fahren zusammen ins Krankenhaus. Am Anfang läuft Konstanze noch am Arm von Erik die Gänge auf und ab. Doch dann wird es ernst. Die Wehen werden immer heftiger und schmerzhafter.

Konstanze kommt in den Kreißsaal. Jetzt dauert es nicht mehr lange. Erik massiert ihren Rücken. Und dann kommen die Presswehen. Konstanze nimmt ihre ganze Kraft zusammen, einmal, zweimal, dreimal. Noch eine letzte Presswehe, und dann ist es da: ein winziges Baby, verklebte Haare, die Augen geschlossen – ihre Tochter Annika.

Annika ist das Kind von Erik und Konstanze. Neun Monate hat Konstanze Annika in ihrem Bauch getragen, gespürt, wie sie als Baby gewachsen ist.

Jetzt ist Annika auf der Welt. Konstanze ist erschöpft, glücklich und erleichtert. Sie kann es noch gar nicht fassen.

Zum ersten Mal sieht sie das Kind, das so lange Teil von ihr war.

Eltern schenken den Kindern das Leben – das macht den elementaren Unterschied zwischen Eltern und Kindern aus. Dieser Vorgang ist die selbstverständliche Grundlage unseres Lebens. Jedem ist es so geschehen. Das Leben kommt durch die Eltern zum Kind.

So wie Konstanze und Erik durch ihre eigenen Eltern das Leben bekommen haben, haben nun die beiden das Leben an ihre Tochter Annika weitergegeben.

Dabei ist dieses Leben nicht ein persönliches Eigentum der Eltern. Der Dichter Kahlil Gibran drückt es mit folgenden Worten aus:

„Eure Kinder sind nicht *eure* Kinder.
Es sind die Söhne und Töchter von des Lebens Verlangen nach sich selber.
Sie kommen durch euch, doch nicht *von* euch.
Und sind sie auch bei euch,
so gehören sie euch doch nicht."

Allein diese Weitergabe des Lebens, der biologische Fakt als solcher, macht eine Frau zur Mutter und einen Mann zum Vater. Das vergessen viele Mütter und Väter. Sie sind sich über die Bedeutung und den Wert dessen, was sie den Kinder gegeben haben, nicht im Klaren. Wären sie das, hätten sie ein größeres Selbstverständnis als Mutter oder Vater, würden sie sich selbst ein größeres Gewicht geben. Statt dessen versuchen sie, sich, ihrem Kind und der Umwelt zu beweisen, dass sie als Mutter und Vater taugen. Dabei ist das wirklich Wesentliche bereits geschehen.

Bert Hellinger formuliert den grundsätzlichen Unterschied zwischen Eltern und Kindern so:

„Zu den Ordnungen der Liebe zwischen den Eltern und Kindern gehört als erstes, dass die Eltern geben und die Kinder nehmen. Es handelt sich hier aber nicht um irgendein Geben und Nehmen, sondern um das Geben und Nehmen des Lebens. Die Eltern geben den Kindern, wenn sie ihnen das Leben geben, nicht etwas, was ihnen gehört. Sie geben, was sie selber sind, und dem können sie weder etwas hinzufügen noch etwas davon weglassen oder für sich zurückbehalten. Sie geben sich mit dem Leben den Kindern so, wie sie sind, ohne Zusatz und ohne Abstrich. Dementsprechend können die Kinder die Eltern nur nehmen, wie sie sind, wenn sie das Leben von den Eltern bekommen, und sie können dem weder etwas hinzufügen noch etwas weglassen oder etwas davon zurückweisen."

Aber ist das nicht viel zu radikal gesehen? Wozu soll ein solcher, eher theoretisch klingender Standpunkt gut sein? Der Brief einer unserer Teilnehmer an der Weiterbildung im Familien-Stellen (selbst Vater von Kindern) drückt sehr klar den Zweifel an einem solchen Standpunkt aus:

„Dabei habe ich etwas Mühe mit der Absolutheit des Ausdrucks: ‚Eltern geben und die Kinder nehmen.' Die Eltern geben etwas Unpersönliches: das Leben. Dabei wird vergessen, was die Kinder geben. Auch völlig unpersönlich. Durch die Kinder bekommen die Eltern einen neuen sozialen Status. Das ist etwas, was die Kinder geben. Dadurch werden die Eltern aufgewertet. Und durch die Kinder bekommen die Eltern noch vieles mehr. Die Eltern können und müssen über die Kinder an der eigenen Entwicklung arbeiten. Das ist ein Nehmen. Und sie dürfen an der Jugend teilnehmen. Das alles kommt durch die Kinder zu den Eltern. So wie das Leben durch die Eltern zu den Kindern kommt. Ist das nicht ein gegenseitiges Geben und Nehmen? Auf einer sehr existentiellen Ebene. Müsste man nicht sagen: ‚Eltern geben und die Kinder nehmen. Kinder geben und die Eltern nehmen?' Allerdings, was gegeben und genommen wird, ist jeweils nicht dasselbe. Kann es gegeneinander aufgewogen werden? Was ich eigentlich sagen wollte: Die Kinder nehmen nicht nur, sie geben auch. Das ist mehr als offensichtlich. Und das muss gewürdigt werden."

In bestimmter Hinsicht ist dieser Standpunkt richtig. Jeder, der Kinder hat, weiß, dass man unter anderem viel Freude und Lebendigkeit sowie eigene „Wachstumschancen" durch seine Kinder erhält. Auf dieser Ebene bekommen auch Eltern. Und natürlich ist es gut, wenn man das als Eltern sieht und würdigt.

„Die Eltern geben und die Kinder nehmen" beschreibt ein Geschehen auf einer anderen, auf einer tieferen Ebene. Die Kinder kommen durch die Eltern. Ohne Eltern, keine Kinder.

Dieser Unterschied ist so gewaltig, dass das, was Eltern dafür bekommen, nicht ins Gewicht fällt und nicht gegeneinander aufgewogen werden kann. Das Weitergeben des Lebens muss in seiner ganzen Bedeutung anerkannt werden. Das tut dieser Satz: „Die Eltern geben, die Kinder nehmen."

Bert Hellinger beleuchtet den gesamten Zusammenhang so:

„Die Eltern geben ihren Kindern, was sie selbst vorher von ihren Eltern genommen haben, auch von dem, was sie vorher als Paar, der eine vom anderen, nahmen. Zusätzlich zum Geben des Lebens sorgen die Eltern noch für die Kinder. Dadurch entsteht zwischen Eltern und

Kindern ein riesiges Gefälle von Nehmen und Geben, das die Kinder, selbst wenn sie es wollten, nicht ausgleichen können."

Diese Haltung ist den meisten Eltern in dieser Deutlichkeit und Klarheit ungewohnt. Sie erscheint übertrieben, vielleicht sogar arrogant. Denn viele Eltern legen heute mehr Wert darauf, ihren Kinder mehr Kumpel, erwachsene/er Freund/in oder große/r Bruder/Schwester zu sein als Eltern.

Durch das biologische Geschehen besteht jedoch ein natürliches Gefälle von den Eltern zu den Kindern. Die Großen sind „vorgeordnet". Die Eltern waren vor den Kindern da, die Kinder kommen durch sie, also nach ihnen. Die Großen geben – die Kleinen nehmen.

In der Arbeit mit Familienaufstellungen wird die Größe dieses Vorgangs vom Weitergeben des Lebens spürbar und dass in jedem von uns ein Ahnen davon ist. In der Tiefe wissen wir alle darum, auch wenn wir es oft an der Oberfläche nicht anerkennen wollen.

So erleben wir in Aufstellungen immer wieder, dass der Satz „die Eltern geben und die Kinder nehmen" eine gute Wirkung zeigt. Er gibt den Eltern Kraft und erleichtert und befreit die Kinder. Beide gewinnen dadurch – auch wenn wir nicht genau verstehen warum.

Die natürliche Ungleichheit spiegelt auch ein weiterer Satz wider, der immer wieder in Aufstellungen gebraucht wird. Es ist der Satz einer Mutter oder eines Vaters zum Kind „Ich bin die/der Große und du die/der Kleine." Er benennt den grundsätzlichen Unterschied im Verhältnis von Eltern und Kindern und das, was darin ausgedrückt wird, entspannt Eltern und Kinder.

Die Ungleichheit zeigt sich darin, dass Kinder von den Eltern etwas „brauchen". Kinder brauchen „Sicherheit, Orientierung und Halt" (Rogge) und „das Wissen um den eigenen Platz innerhalb der sozialen Struktur" (Dreikurs). Damit Eltern ihren Kindern diesen sicheren Platz geben können, müssen sie innerlich „groß" sein.

Wichtig dabei ist: Groß-sein meint nicht, dass die Eltern als die Großen besser sind und dass die Kinder minderwertig sind gegenüber den Eltern. Als Menschen sind Eltern und Kindern gleichwertig.

Dreikurs spricht in seinem Erziehungsklassiker „Kinder fordern uns heraus" mit anderen Worten davon. Er nennt Kinder und Erwachsene „sozial gleichwertig".

> „Gleichwertigkeit heißt nicht Gleichheit! Gleichwertigkeit heißt, dass alle ohne Rücksicht auf ihre persönlichen Unterschiede und Fähigkeiten denselben Anspruch auf Achtung und menschliche Würde haben."

Oder wie es A. S. Neill in seinem ebenfalls klassischen Buch „Theorie und Praxis der antiautoritären Erziehung" ausdrückt: „. . . im Großen und Ganzen respektieren wir Individualität und Persönlichkeit eines Kindes in der gleichen Weise wie die eines Erwachsenen, ohne zu vergessen, dass sich das Kind vom Erwachsenen unterscheidet."

Jemand, der „groß" ist, achtet die Würde, Persönlichkeit und Individualität des Kindes. Aber er kann auch mit notwendiger Autorität eingreifen. Vielleicht ist das Überraschende, dass A. S. Neill, der Begründer der antiautoritären Erziehung, in seiner pädagogischen Arbeit mit schwierigen und schwer belasteten Kindern sich keinesfalls in der Form „antiautoritär" verhält wie die vielen, die versucht haben, ihn nachzuahmen.

> „Wir lassen einen Sechsjährigen nicht entscheiden, ob er ins Freie gehen kann oder nicht, wenn er Fieber hat. Und wir fragen auch kein übermüdetes Kind, ob es ins Bett

gehen will. Man fragt ein krankes Kind nicht nach seiner Einwilligung, wenn man ihm Medizin gibt." (Neill)

Wenn man dieses Buch aufmerksam liest, dann fällt einem auf, wie wichtig die Haltung des Erziehers als „groß" ist. Mit ihr findet er das nötige und richtige Maß, Kindern Freiheit zu geben. Und es scheint so, dass das riesige Durcheinander, das die sogenannte antiautoritäre Erziehung vor drei Jahrzehnten in Deutschland angerichtet hat, daher kommt, dass Eltern nur ein äußeres Verhalten zeigten, ohne die dazu notwendige Haltung verinnerlicht zu haben.

„Groß" und „klein" – was heißt das in der Praxis?

Mutter Claudia mag schon gar nicht mehr mit Töchterchen Sofie zum Einkaufen gehen. Denn regelmäßig an der Supermarktkasse gibt es das gleiche Theater. Die vierjährige Sofie grabscht sich einen Lolli. Claudia will, dass Sofie den Lolli wieder zurücklegt. Sofie hält ihn eisern fest und bricht in Tränen aus.

Wenn Claudia dann auf das Zurücklegen besteht, bekommt Sofie einen hochroten Kopf, stampft mit den Füßen auf den Boden und fängt zu schreien an: „Du bist eine böse Mama! Ich mag dich nicht mehr, du Doofe!"

Fast immer gibt Claudia an diesem Punkt nach und Sofie bekommt ihren Lolli.

Claudia verträgt es nicht, wenn Sofie auf sie böse ist. In Augenblicken wie im Supermarkt fürchtet sie, die Liebe von Sofie zu verlieren. Diese Spannung empfindet sie als unerträglich und gibt deshalb nach.

In einem solchen Moment ist eigentlich die Mutter Claudia die Bedürftige. Sie will die Liebe ihrer Tochter, und

Sofie kann sie ihr geben oder verweigern. So strengt sich Claudia ständig an, um sich die Liebe ihres Kindes zu kaufen oder sich ihrer „würdig" zu erweisen. Claudia hat nicht den Mut „nein" zu sagen, weil sie die Liebe und die Zuneigung ihres Kindes braucht.

Immer wieder kommt es auch zur Eskalation zwischen Mutter und Kind.

Manchmal reicht es Claudia im Supermarkt! Sie will nicht immer nachgeben. Dann platzt ihr der Kragen: „Hörst du jetzt auf mit dem Geheule, Sofie! Du gehst jetzt mit, auf der Stelle. Sonst setzt es was!"

Normalerweise ist Claudia Aufsehen schrecklich peinlich vor all den Leuten an der Kasse, aber in einem solchen Moment ist es ihr egal. Sie bekommt den gleichen roten Kopf wie ihre Tochter, gibt Sofie einen Schlag auf den Po und zerrt sie mit Klammergriff von den Süßigkeiten weg. Sofie wehrt sich nach Kräften und schreit erbärmlich.

Claudia hat sich durchgesetzt. Sie bestimmt, was geschieht und Sofie muss ihr folgen. Doch ist sie damit jetzt „groß"? Wer Claudia in dieser Situation für „groß" hält, irrt. Er beurteilt die Situation nach dem äußeren Verhalten. Wir aber sprechen in diesem Buch von Haltungen.

„Groß" als Haltung beschreibt bestimmte Gefühle und eine bestimmte Denkweise. Wer „groß" ist, befindet sich in einem Zustand voller Ressourcen. Er ist mit sich im Reinen, innerlich entspannt und ruhig. Als „klar" und „weit" hat sich eine Mutter einmal in diesem Zustand beschrieben. Im Hintergrund ist ein Gefühl von Liebe und Verständnis für die Situation des Kindes. Aus der Liebe und dem Verständnis heraus erfolgt dann ein Handeln, das einem selbst, dem Kind und der Situation angemessen ist.

Das Handeln als „groß" lässt sich nicht nach dem äußeren Anschein kategorisieren. Es kann ein sehr kraftvolles Durchsetzen sein, ein hartnäckiger Widerstand oder auch ein Nachgeben. Es ist eine liebevolle Haltung, die, wenn sie verinnerlicht ist, bei der Lösung aller Probleme Basis ist.

In der Situation im Supermarkt fühlt Claudia sich weder weit, noch klar oder liebevoll, sondern einfach überfordert. Sie nimmt ihr Kind wie eine gleichwertige oder sogar überlegene Gegnerin wahr, die ihr nur Böses will.

Claudia hat das Gefühl, sie muss sich gegen die eigentlich stärkere Sofie durchsetzen und das einzige, was sie im Moment hat, ist ihre körperliche Überlegenheit. Die benutzt sie aus Hilflosigkeit.

Gewalt wie z.B. Schläge setzen Eltern ein, wenn sie sich klein, ohnmächtig und ohne Autorität fühlen. Das einzige Argument, das ihnen dann noch zur Verfügung steht, ist die körperliche Größe, die die innere Schwäche dahinter verbirgt.

Das Kind fühlt sich durch die körperliche Strafe gedemütigt, fühlt Angst und Ohnmacht. Und es wird sich – auf seine Art – wehren, z.B. indem es immer wieder provoziert, weiter Schläge herausfordert und somit den Eltern ihre Ohnmacht trotzig vor Augen führt. Es entsteht ein Machtkampf zwischen Eltern und Kind.

Davon sprechen wir hier nicht. Wenn Claudia sich „groß" fühlt, haut sie Sofie nicht auf den Po, um sich durchzusetzen. Sie findet die nötige Ruhe und Kraft, um sich durchzusetzen.

Sie kann es in diesem Zustand innerer Ruhe auch ertragen, dass Sofie böse auf sie ist. Wer als Mutter oder Vater zum Gefühl des eigenen Groß-seins findet, weiß, dass das mit dazu gehört und ist ein Teil des Elternsein. Sofie hat ein Recht, ihrem Unmut Ausdruck zu verleihen. Jedoch lässt sich Claudia dadurch nicht von ihrem Handeln abbringen. Sie kann nachgeben, wenn sie will, aber sie muss nicht.

Wenn Sofie dann stampft und schreit: „Du bist eine böse Mama! Ich mag dich nicht mehr, du Doofe!", dann ist sich Claudia bewusst, dass das nur für diesen Moment gilt. Sicher ist Sofie – aus ihrer Sicht zu Recht – sauer auf die Mutter und findet sie doof. Aber Claudia lässt sich dadurch nicht beirren oder verunsichern, und sie hat keine Angst vor der Wut ihrer Tochter.

Es gibt für die Situation im Supermarkt ein großes Repertoire an Handlungsmöglichkeiten, jedoch keine Paradelösung. So könnte Claudia mit Sofie eine Absprache treffen, dass es nur bei jedem zweiten Einkauf oder nur in einem bestimmten Geschäft einen Lolli gibt. Sie könnte auch, wenn Sofie wieder zu stampfen und zu schreien anfängt, ein klares und deutliches „Nein" aussprechen und Sofie fest an der Hand halten. Oder sie könnte das Kind auch überraschen, indem sie wie Sofie selbst stampft und schreit (wunderbar beschrieben bei Rogge).

Ausschlaggebend bei allen Möglichkeiten, bei jedem Verhalten ist die innere Haltung der Mutter, nämlich die innere Gewissheit, dass sie „die Große" und das Kind „der/die Kleine" ist. Daran kann sie sich immer erinnern, wenn sie aus dem Gleichgewicht gerät, um so in sich diesen Zustand wiederzufinden.

In Aufstellungen erweisen sich Sätze hilfreich, die an die Tatsache, wer „groß" und wer „klein" ist, erinnern. „Auch wenn ich mich im Moment nicht so fühle, ich bin die/der Große und du bist die/der Kleine."

Manchmal überdecken Erinnerungen an andere Familienmitglieder das Bild des Kindes. Man sieht das Kind nicht wirklich. Dann kann ein Satz helfen wie: „Auch wenn ich mich im Moment hilflos/genervt/unfähig usw. fühle, ich bin die Mutter und du bist – nur – das Kind – nicht mehr."

Es hilft auch im Alltag, sich an derartige Sätze immer wieder einmal zu erinnern.

„Mein Kind darf sich frei entfalten"

Fabian, 3 Jahre, steht unten an der Treppe, während seine Mutter Johanna schon an der Wohnungstür steht und auf ihn wartet. Fabian spielt mit Steinchen.

Johanna ruft von der Tür: „Fabian, komm jetzt, bitte!" Fabian kommt nicht. Wieder: „Fabian, komm jetzt, bitte!" Fabian kommt nicht. Ein dritter Ruf: „Fabian, hast du nicht gehört? Du sollst bitte kommen."

Fabian spielt ungerührt mit den Steinchen weiter, während Johanna die Wohnungstüre aufschließt und in die Wohnung geht. 10 Minuten später hüpft Fabian Steinchen werfend die Treppe zur Wohnung hoch.

Fabian verweigert sich den Bitten seiner Mutter. Diese probiert es zwar eine Zeit lang, gibt dann aber auf.

Was läuft hier zwischen Mutter und Kind ab? Es scheint eher ein Verhältnis zu sein zwischen Gleichberechtigten, wie zwischen Kollegen. Der eine Kollege will etwas, bittet darum und der andere hat keine Lust.

Im Beispiel sind mehrere Botschaften miteinander vermischt. Bittet die Mutter tatsächlich? Oder fordert sie? Wer um etwas bittet, ist regelmäßig in der untergeordneten Position. (Nicht gemeint ist das höfliche „bitte" im alltäglichen Umgang.) Wer gebeten wird, kommt damit in die überlegene Position, denn er kann die Bitte annehmen oder abschlagen. Johanna begibt sich mit den wiederholten Bitten in die unterlegene Position des Bittstellers und macht damit Fabian groß.

Die Mutter will keine Autorität, sondern Partnerin ihres

Sohnes sein. Ihr Wunsch ist es, dass ihr Sohn auf ihre Bitten – wie ein Erwachsener – reagiert. Ihr Kind behandelt sie aber nicht partnerschaftlich. Das ist von Fabian in diesem Alter auch zu viel verlangt.

In der Realität erlebt Johanna also, dass ihre Bemühungen vergeblich sind. Der Anspruch, den sie an den Sohn hat, ist zu hoch. Sie will das aber nicht sehen. Johanna folgt mehr den Träumen in ihrem Kopf über Partnerschaft zwischen Eltern und Kindern, als dass sie die Beziehung zwischen ihrem dreijährigen Sohn und ihr wahrnimmt, so wie sie ist. Der Widerspruch zwischen Traum und Realität macht sie hilflos und unzufrieden.

Gleichzeitig ist Johanna vom Verhalten ihres Kindes enttäuscht und zeigt ihm das auch nachdrücklich.

Fabian betritt munter die Wohnung. In der Küche steht die Mutter mit verbissenem Gesicht. Sie schmollt und spricht kein Wort mit Fabian.

Nach kurzer Zeit spürt Fabian, dass etwas nicht in Ordnung ist. Er spricht die Mutter an, die aber nicht reagiert. Fabian zupft an ihrer Jacke, doch die Mutter wendet sich ab. Verstört fängt Fabian zu weinen an.

Nach dem langen Warten schmollt Johanna. Sie fühlt sich wie ein Kind, das missachtet worden ist und reagiert entsprechend.

Ihr ist nicht klar, dass sie selbst durch ihr Verhalten die Reaktion von Fabians verursacht hat. Wenn ihr etwas wichtig ist, und sie will, dass Fabian dem Folge leistet, darf sie es nicht als Bitte „verbrämen". Sie muss es eindeutig formulieren und im Regelfall auch durchsetzen. Damit wird auch für Fabian klarer, wann es sich um eine Bitte handelt, der er nachkommen kann oder nicht, und wann es sich um eine Forderung handelt, die seiner Mutter ernst ist.

Die Mutter hat dem Kind die Führung überlassen. Gleichzeitig geht es ihr nicht gut dabei. Deswegen bestraft sie ihn mit ihrem Rückzug. Fabian versteht den Zusammenhang zwischen seinem „Trödeln" und dem Verhalten der Mutter nicht. Für Fabian ist der Rückzug der Mutter keine einsichtige, „natürliche Folge" (so formuliert es Dreikurs) seines Tuns. Deshalb wird er verunsichert und bekommt Angst. Fabian wird wieder klein.

Als Johanna Fabian weinen hört, fasst sie sich etwas, nimmt Fabian auf ihren Schoß und sagt zu ihm: „Warum kommst du denn nicht, wenn ich dich rufe? Das war nicht schön von dir. Liebe Kinder kommen, wenn ihre Mama sie ruft."

Das Weinen von Fabian holt seine Mutter aus ihrem Schmollen heraus. Sie entdeckt ihn wieder als Kind und fühlt sich jetzt in ihrer Rolle als Große gebraucht und gefordert. So kann sie wieder Kontakt mit ihrem Sohn aufnehmen.

Trotzdem hat sie die Frustration von eben noch nicht überwunden. Außerdem möchte sie, dass Fabian ihr in Zukunft folgt. Sie drückt das aber nicht direkt, sondern indirekt aus.

Johanna hält mit dem, was sie will, ein Stück hinterm Berg zurück. Sie drückt es „durch die Blume" aus. Um ihren Wünschen Nachdruck zu verleihen, versteckt sie sich hinter dem Satz „Liebe Kinder kommen, wenn ihre Mama sie ruft." Damit hofft sie, zukünftig ihr Ziel zu erreichen.

Johanna versucht Fabian zu manipulieren. Er soll sich so verhalten, wie sie möchte, ohne dass sie es offen verlangt oder mit ihrer Autorität durchsetzen muss.

Mit den gleichen Mechanismen lassen wir uns auch als Erwachsene manipulieren. Den Hintergrund davon beschreibt anschaulich Manuel J. Smith in seinem Buch „Sage nein ohne Skrupel". Hier zeigt der Autor, wie wir uns als Erwachsene von anderen Schuldgefühle machen lassen und so an der Nase herumgeführt werden.

Der Beginn davon liegt in der Kindheit. Eltern scheuen sich, einem Kind selbstsicher und kraft ihrer Autorität zu sagen, was es auf ihren Wunsch hin tun soll. Statt dessen verstecken sie sich hinter Begriffen und Werten, was „man" nicht macht oder was ein liebes, braves, nettes ordentliches Kind ist. Was Eltern nicht passt, wird mit Begriffen wie bockig, böse, schlecht, ungezogen, schrecklich belegt.

„Der Gebrauch der Begriffe ‚gut' und ‚schlecht' ist eine wirksame Methode zur Verhaltenskontrolle, aber es ist eine manipulative, versteckte Kontrolle und keine ehrliche Interaktion." (Smith)

Der ehrliche Umgang ist es, wenn Johanna Fabian sagt: „Ich möchte gern, dass du in Zukunft kommst, wenn ich dich rufe." Mit diesem Satz nimmt sie die Position als Autorität ein, die führt und sagt, was sie will, Fabian weiß, woran er mit ihr ist.

Darf eine Mutter oder ein Vater überhaupt fordern? Und sich dann vielleicht auch noch mit körperlicher Überlegenheit durchsetzen? Das Kind, das sich auf die Straße wirft, einfach hochnehmen und davontragen? Ist das nicht genau die hässliche Autorität und der unangemessene Machtanspruch, den viele Eltern nach Möglichkeit vermeiden wollen?

Die moderne Welt ist auch heute noch für ein Kind wie ein Dschungel mit unübersehbaren Gefahren. Das Kind braucht die Großen, die für die Sicherheit, ja fürs Überleben sorgen, indem sie das Kind in diese Welt einweisen.

Natürlich dürfen Mutter und Vater deshalb fordern und müssen in der Lage sein, diese Forderungen auch durchzusetzen. Die Welt ist kein rundum sicherer Platz. Die Sorge der Eltern verlangt es, immer wieder auch eindeutige Forderungen an ein Kind zu stellen. Da will sich das kleine Kind losreißen und auf die Schnellstraße rennen – Mutter und Vater stellen sich dem entgegen, halten es dank ihrer körperlichen Überlegenheit auf – wie auch andere Erwachsene es tun, wenn sie die Gefahr sehen.

„Eltern, die sich aufregen, weil ihr Kind nicht ‚das tut, was ich sage', stellen wahrscheinlich unvernünftige Forderungen und versuchen nur, das Kind zu ‚beherrschen'. Dies führt gewöhnlich zu einem Machtkampf." (Dreikurs)

Eltern, die in sich dieses Gefühl von Groß-sein haben, nutzen ihre Größe zum Wohl des Kindes und seinem Alter angemessen. Wenn Eltern dann etwas für wichtig und richtig halten, sind sie bereit sich ihren Kindern gegenüber durchzusetzen. Je mehr das einem Kind klar ist, desto weniger wird ein Elternteil es nötig haben, das sichtbar zu machen. Kinder spüren dann, wann eine Mutter oder ein Vater es ernst meint. Sie wissen gleichzeitig, dass eine solche Forderung keine Willkür, sondern etwas Wichtiges ist.

Wenn Mutter oder Vater „groß" sind, können sie sich angemessen verhalten. Sie haben die Stärke zu führen und ihre Kinder können ihnen vertrauen und ihnen folgen.

Die folgenden Beispiele veranschaulichen das bisher Gesagte weiter:

Marika steigt aus dem Auto. Hinten im Kindersitz sitzt ihr Sohn, der zweieinhalb Jahre alte Juri.

Als Marika ihn aus dem Auto holen will, fängt er an zu zappeln. Er will nicht aussteigen. Marika redet ihm gut zu: „Komm, Juri. Wir gehen einkaufen." „Will nicht einkaufen!" kreischt Juri. Marika versucht den Gurt am Kindersitz zu öffnen. „Komm, Juri. Sei ein liebes Kind." „Nein, nein, nein!" brüllt Juri und hält den Verschluss zu.

*Endlich hat Marika den Verschluss geöffnet. Schweißge-
badet versucht sie Juri aus dem Sitz zu heben. Allmählich
wird sie zornig. „Du gehst jetzt mit!" zischt sie ihn an.*

*Doch Juri klammert sich wie besessen an seinen Kin-
dersitz und brüllt mit hochrotem Kopf: „Will nicht, will
nicht, will nicht!"*

Am liebsten würde Marika sich jetzt umdrehen und Kind
und Auto hinter sich lassen – so tun, als ob das alles nichts
mit ihr zu tun hätte. Oder sich auf die nächste Haustreppe
setzen und sich ausheulen. Jeden Tag der gleiche Zirkus!
Sie ist erschöpft und hat das Gefühl, Juri und seiner Power
nicht gewachsen zu sein.

Die Erschöpfung und dann wieder im Wechsel der un-
bändige Zorn sind Bestandteile des Elternlebens. Wichtig
ist, dass Marika Juris Verhalten nicht persönlich nimmt. Es
ist kein Angriff, der gegen sie als Person gerichtet ist – auch
wenn sie es manchmal so auffasst.

Trotzphasen gehören zum Leben der Kinder und der Eltern. Juri ist ein kleines Kind, und deshalb braucht er den
Trotz als Entwicklungsschritt. Er muss ab und zu trotzig
sein – so wie jedes Kind (in fast in jedem Alter).

Wenn Marika sich daran erinnert, bekommt sie den nö-
tigen inneren Abstand zu der Situation und kann zu ihrer
Gelassenheit finden. Dann wird Marika Juri nehmen und
ihn sanft, aber beharrlich aus seinem Sitz hochheben.

*Lothar ist alleinerziehender Vater. Mit seiner 11-jährigen
Tochter Clarissa klappt das Zusammenleben prima.*

*Allerdings wird ein Problem langsam größer: das Geld.
Clarissa erhält kein Taschengeld, denn das findet Lothar
spießig. Sie soll das bekommen, was sie braucht.*

*So gibt er ihr jedes Mal, wenn sie zu ihm kommt, lä-
chelnd das erbetene Geld. Allerdings werden ihre Forde-*

rungen immer größer. Clarissa scheint mehr und mehr Geld zu brauchen.

Doch Lothar scheut sich, einen Riegel vorzuschieben.

Clarissa erlebt es, dass sie, wann immer sie etwas „braucht", Geld von ihrem Vater bekommt. Dadurch entsteht der natürliche Drang mehr zu „brauchen", die Bedürfnisse wachsen.

Eltern geben ihren Kindern viel und gern. Jeder Elternteil hat dabei auch Grenzen. Innerhalb dieser Grenzen gibt er gern, handelt er gern und fühlt sich wohl. Dann kommt der Punkt, an dem dieses Wohlgefühl aufhört. Wer ehrlich ist, äußert das, legt damit seine Grenze offen und steht zu ihr. Wer sich so verhält, den erlebt man als stabil und dem kann man vertrauen.

Es ist ein natürliches Bedürfnis, Grenzen zu testen und auszuloten. Das gilt besonders auch für Kinder. Wer sich scheut, seine Grenzen zu zeigen oder auch den Ärger, den etwas verursacht, wird als unehrlich und/oder schwach erlebt. Es gibt dann einen geheimen, unwiderstehlichen Drang, diesen Menschen an seine Grenze zu bringen. (Wir müssen uns nur an unsere Schulzeit und bestimmte Lehrer erinnern.)

Jemand wird dann so lange gereizt, bis er die Grenzen zieht. Dann kehrt wieder Sicherheit und Entspannung ein. Clarissa wird Lothar immer mehr fordern, bis Lothar seine Grenzen zeigt und zieht.

Kinder brauchen Grenzen – so lautet der Titel eines Bestsellers unter den Erziehungsbüchern. Aber wie kommt Lothar dahin, dass er in der Lage ist, Grenzen zu ziehen?

Lothar muss sich daran erinnern, dass er der Vater ist, in sich das Gefühl finden, „groß" zu sein. Dann ist es ihm ein Leichtes, seine Grenzen offenzulegen und danach zu handeln.

Was Eltern tragen müssen

Manfred, Ehemann von Elke und Vater des fünfjährigen Boris trägt sich mit dem Gedanken, die Zahnarztpraxis seines Vaters in seiner Heimatstadt zu übernehmen. Elke gefällt die Idee eines möglichen Umzugs gar nicht, doch auf der anderen Seite sprechen vernünftige Gründe für den Ortswechsel.

Elke findet, dass auch Boris über die möglichen neuen Perspektiven in Kenntnis gesetzt werden muss. Deshalb erklärt sie Boris die Lage: dass der Papa die Praxis des Opas übernehmen will und dass sie dann in die andere Stadt umziehen müssen, dass er dann in einen neuen Kindergarten gehen wird und viele neue Freunde bekommt.

Ein baldiger Umzug ist möglich. Deswegen ist es doch sinnvoll, das Kind rechzeitig einzubeziehen. Oder etwa nicht? Boris wird hier doch als gleichberechtigter Teil der Familie anerkannt, der über alle anstehenden Entscheidungen informiert wird. Entspricht das nicht dem Ideal der Partnerschaft zwischen Eltern und Kindern?

Schauen wir uns den Fortgang der Situation an:

Als Boris vom Umzug hört, zieht er eine Schnute: „Ich will hier bleiben, ich will keine neuen Freunde." Elke versucht ihm den möglichen Umzug weiter schmackhaft zu machen, doch Boris fängt zu weinen an und rennt in sein Zimmer.

Die ganze nächste Woche jammert und weint Boris, weil er nicht umziehen will.

Nachdem Manfred mit seinem Vater ernsthaft alles durchgesprochen und dieser ihm abgeraten hat, entscheidet er sich, doch am alten Ort zu bleiben.

Boris betont noch Monate, dass er auf keinen Fall weg will, von seinem Kindergarten und seinen Freunden.

Elke belastet Boris mit diesem Gespräch. Die Belastung ist für Boris unnütz und überflüssig. Doch Elke gibt so ihre eigene Unsicherheit und ihren Unmut über den Umzug an Boris weiter. Der drückt ihn dann täglich aus. Elke entlastet sich unter dem Deckmantel der Offenheit und Gleichberechtigung, wenn sie Boris davon erzählt.

Zum einen hat Boris kein Mitspracherecht, was den Umzug betrifft. Das ist ein Bereich, in dem die Eltern ihre Verantwortung wahrnehmen und danach entscheiden. Zum anderen hängt dieses Thema noch in der Schwebe. Denn es sind noch keine Entscheidungen getroffen. Es bringt nichts, außer unnötigen Stress, Kinder vor einer Entscheidung zu informieren, wenn ihre Stimme bei der Entscheidung nicht zählt.

Es ist Aufgabe der Eltern, solche Situationen, die noch in der Schwebe sind, bei sich zu behalten. Sie tun alles in ihren Kräften Stehende, um die beste Entscheidung zum Wohl der ganzen Familie zu treffen. Sie sind die Großen, die auch eventuelle Unsicherheiten allein aushalten, bis die Entscheidung gefallen ist.

Das gilt auch für weniger folgenreiche Entscheidungen wie z. B. geplante Besuche, Stadtgänge, Ausflüge. Das ist kein Plädoyer dafür, dass die Eltern Entscheidungen über die Köpfe der Kinder hinweg fällen. Doch wenn die Eltern selbst noch nicht sicher sind, was sie wollen, ist es unklug und für das Kind belastend, wenn es schon miteinbezogen wird. Es ist dann eine „Pseudo"-Partnerschaftlichkeit, die Kinder lediglich in Konfusion stürzt.

Petras Mann ist vor einem halben Jahr tödlich verunglückt. Ihre Trauer und Verzweiflung sind riesengroß. Unter Tag reißt sie sich zusammen und geht arbeiten, versorgt den Haushalt und ihre neunjährige Tochter Miriam.

Doch abends, wenn es dunkel wird, wird ihre Trauer immer größer. Oft sucht sie Trost bei ihrer Tochter. Sie lässt dann Miriam bei ihr im Ehebett schlafen, damit sie nicht so alleine ist. Manchmal überkommt Petra der Schmerz und sie weint sich bei Miriam aus.

Miriam ist ernster geworden, aber ansonsten scheint sie den Tod ihres Vaters gut verkraftet zu haben. Geweint hat sie eigentlich nur einmal, damals, bei der Beerdigung.

Petra hält sich mit der letzten Kraft nach dem Unfall ihres Mannes aufrecht. Sie gibt Miriam alles, was sie ihr geben kann. Und doch wird bei der Beobachtung des Verhaltens sichtbar, dass Tochter Miriam einen Teil der Belastung übernommen hat.

Miriam nimmt sich zusammen, weil sie spürt, dass ihre Mutter es wahrscheinlich nicht aushalten wird, wenn sie auch noch traurig wird. Auf diese Weise trägt sie den Schmerz der Mutter mit und drängt den eigenen zurück. Petra, die Mutter, kann sich gehen lassen und bei der Tochter ein Stück Halt und Trost finden.

Nur wenn Petra ihre Trauer für sich allein trägt, kann sie ihrem Kind zur Stütze werden. Wenn der Schmerz zu groß ist, muss Petra bei einer Freundin oder sogar bei einem Berater oder einer Beraterin Vertrauen, Trost und Unterstützung holen. Aber nicht bei Miriam! Dann kann sie Miriam den Raum und die Gelegenheit geben, ihre Trauer auszudrücken.

„Ich bin die Große und du die Kleine" bedeuten für eine Mutter und für einen Vater: Das Schlimme des eigenen Lebens muss jeder Erwachsene allein tragen. Es tut dem Kind nicht gut, wenn es einen Elternteil unterstützen oder schonen muss. Damit nimmt es den Eltern etwas ab und trägt es auf den eigenen Schultern.

Wenn Eltern innerlich ihr Schicksal annehmen mit all den Schmerzen und Belastungen, die es bringt, dann brauchen sie ihr Kind nicht als Stütze, sondern können für es da sein.

„Meine Tochter und ich –
die besten Freundinnen der Welt"

Mutter Isolde macht ihre 14-jährige Tochter Jasmin immer mehr zur Vertrauten. Sie verbringen viel Zeit miteinander, gehen shoppen, tauschen Kleider und Geheimnisse aus. Isolde möchte die beste Freundin ihrer Tochter sein und ist ganz stolz, dass Jasmin ihr ihre kleinen Geheimnisse anvertraut.

Auch Isolde schüttet Jasmin ihr Herz aus. Sie erzählt von ihrem jüngeren Arbeitskollegen, und dass sie für ihn schwärmt. Sie weiht Jasmin immer mehr über die Beziehung mit Manfred, ihrem Ehemann und Jasmins Vater ein. Sie klagt auch über die wenige sexuelle Befriedigung, die sie durch Manfred erhält.

Isolde findet, dass Jasmin schließlich genau wissen soll, was zwischen Frauen und Männern abläuft, damit sie es später besser machen kann.

Einer Freundin berichtet Isolde stolz: „Jasmin und ich sind mehr wie Freundinnen. Jasmin sagt seit neuestem auch nicht mehr Mama zu mir, sondern Isolde."

Jasmin ist stolz auf das Verhältnis, das sie mit ihrer Mutter hat. Keine ihrer Freundinnen hat eine so verständnisvolle Mutter und kann alles mit ihr bereden. Ihre Freundinnen beneiden sie darum.

Gleichzeitig fühlt sie sich oft aufgewühlt. Irgendetwas ist anders als früher. So richtig unbefangen kann sie mit ihrem Vater nicht mehr umgehen, seit sie so viel über ihn weiß. Manchmal mag sie ihm gar nicht mehr in die Augen schauen.

Durch die Vertraulichkeiten hat die Mutter Jasmin auf die Erwachsenenebene mitten ins Paarleben hineingezogen. Isolde, die Mutter, lässt Jasmin nicht mehr Kind in der Beziehung sein. Sie braucht Jasmin und gebraucht sie damit gleichzeitig. Sie entlastet sich, indem sie ihr Kind zur Vertrauten macht und gleichzeitig insgeheim auf ihre Seite zieht.

Kinder geht die Paarbeziehung der Eltern nichts an. Isolde tut Jasmin nichts Gutes damit, denn sie stört die Beziehung von Jasmin zu ihrem Vater. Dass Isolde sich von ihrer Tochter mit dem Vornamen anreden lässt, ist nur ein weiteres Symptom dieser grundsätzlichen Unordnung.

Kein Kind sollte der Vertraute eines Elternteils sein. Eine geheimgehaltene Verbindung von einem Elternteil zum Kind zerstört über kurz oder lang die Sphäre der Kindheit. Die Grenze, die dabei überschritten wird, ist die zwischen den Generationen.

Auch wenn die Mutter sich die Geheimnisse ihrer Tochter erzählen lässt, wird diese gleiche Grenze, die das Kind schützt, überschritten. Jasmin revanchiert sich durch das Erzählen ihrer Geheimnisse bei ihrer Mutter, weil diese so vertrauensvoll zu ihr ist. Aber wenn ein Kind in der Pubertät anfängt, Erlebnisse, Gedanken und Gefühle für sich zu behalten, dann hilft es ihm beim Abgrenzen, das zum Erwachsenwerden nötig ist. Jasmin kann sich nicht von Isolde abnabeln.

In Aufstellungen würde sich die Lösung dieser Situation einfach darstellen. Da steht die Stellvertreterin von Isolde, der Mutter, vor der Stellvertreterin der Tochter Jasmin. Sie schaut sie an und sagt: „Ich bin die Mutter und du bist das Kind. Ich bin die Große und du bist die Kleine. Wenn ich dich zu meiner Stütze benutze, ist das nicht richtig." Meist spürt dann eine solche Stellvertreterin selbst, dass sie das Kind ungut belastet. Dann ergibt sich der nächste Satz: „Es tut mir leid."

Diese Sätze sind für beide, die Mutter und die Tochter im Regelfall erleichternd. Sie befreien und geben gleichzeitig Kraft. Die Mutter fühlt sich plötzlich stärker, „größer", sie fühlt ihre Verantwortung für das Kind und für ihr eigenes Leben, z. B. dafür, dass sie sich allein fühlt. Das Kind ist erleichtert. Es fühlt sich mehr als Kind, weil die Bürde, die durch das Vertrauen auf ihm lastet, wieder von seinen Schultern genommen wird.

Vertrauensverhältnisse zwischen Eltern und Kindern sind häufig nicht angemessen. Gerhard Amendt hat das besondere Vertrauensverhältnis zwischen Mutter und Söhnen erforscht. Zum Verhältnis Mütter – Söhne schreibt Amendt:

„. . . und doch beginnt das Malheur, wenn ein Vertrauensverhältnis zwischen Mutter und Sohn entsteht. Davon sollte man sinnvollerweise nur reden, wenn zwei Menschen halbwegs gleich gestellt sind, was Geist und Gefühl angeht. Alles Asymmetrische steht einem solchen Verhältnis im Weg. Manchmal kann sich der Schwächere dem Stärkeren anvertrauen. Aber nicht umgekehrt. Ein Vertrauensverhältnis zwischen einem Kind und einem Elternteil ist immer eine missbräuchliche Beziehung. Vertraut sich eine Mutter ihrem Sohn an, verkehren sich die Rollen. Das Kind wird zum Überlegenen. Dadurch ist es überfordert."

„Strukturell verheißt deshalb das Verhältnis von Eltern zu ihren Kindern als das von Vertrauten etwas äußerst Ungewöhnliches. Denn wo das Kind auf die Stärke, Zuverlässigkeit und Überlegenheit der Eltern angewiesen ist, die das Kind beschützen und überhaupt den Schonraum Kindheit erst hervorbringen, verkehrt sich das Überlegenheitsverhältnis im Vertrautenstatus. Allmählich wechselt ein Elternteil in die Position des Unterlegenen. Die Tochter oder der Sohn, die zum Vertrauten eines Elternteils werden, erleben eine für ihr Alter unangemessene Erhöhung. Es wird ihnen eine Bedeutung zugewiesen, die ihrer Reife nicht entspricht. Damit werden die Rollen von Eltern und Kindern verkehrt, die den weiteren Verlauf der Kindheit beeinflussen."

Entsprechendes gilt auch, wenn die Mutter ihre Tochter zu ihrer besonderen Vertrauten macht oder wenn der Vater sich mit seiner Tochter oder mit seinem Sohn verbündet. Zu der Situation, dass Geheimnisse anvertraut werden, schildert Amendt die besondere Belastung für das Kind:

„Noch bedenklicher wird es, wenn der Sohn schweigen und die Affäre mit der Mutter für sich behalten muss. Dann teilt sich die Welt in Geheimnisträger und Ausgeschlossene. Diese Heimlichkeit ist nicht nur unheimlich, sondern auch aggressiv. Vor allem gegen die Person, die ausgeschlossen wird, also den Vater. Und die Aggression setzt sich fort, wenn die Mutter vom Sohn Verschwiegenheit als Beweis seiner Loyalität verlangt. So macht er letztendlich mit ihr gemeinsame Sache, um den Vater aus der Familie zu drängen."

Nobody is perfect

Heide hat schon den ganzen Tag Kopfschmerzen. Gerade hat sie sich auf das Sofa gelegt, da ertönt ein lautes Klirren aus der Küche. Sie springt auf und schaut nach, was los ist. In der Küche stehen die zweijährige Cornelia und der vierjährige Denis vor einer heruntergefallenen Milchflasche. Cornelia weint und Denis versucht ungeschickt, die Milch vom Boden aufzuwischen.

Da platzt Heide der Kragen. „Denis, was hast du schon wieder angestellt? Wie oft muss ich dir sagen, dass du dir nicht selbst die Milch eingießen sollst!" Jetzt fängt auch

Denis zu weinen an. Plötzlich sagt ihre Tochter: „Cornelia will Milch trinken." Denis deutet noch weinend auf Cornelia: „Cornelia war's."

Heide erschrickt.

Heide sieht, dass sie Denis zu unrecht beschuldigt und ausgeschimpft hat. Sie hat einen Fehler gemacht. Fehler zu machen ist menschlich. Ganz gleich, ob jemand „klein" ist oder „groß", er oder sie macht Fehler. So war Heide gerade voreilig und hat Denis Unrecht getan.

Es gibt nun mehrere Möglichkeiten, wie sie mit ihrem Fehler umgehen kann.

Heide kniet sich hin, drückt Denis an sich und streichelt ihn. „Denis, Denis, weine doch nicht! Das war doch nicht so gemeint. Bitte, bitte, sag mir, dass es wieder gut ist."

Denis versucht, sich aus ihren Armen zu befreien.

Heide fühlt sich schuldig und verliert die Fassung. Gleichzeitig fühlt sie sich unfähig und unglücklich. Um ihrem Schuldgefühl zu entkommen, will sie, dass Denis ihr verzeiht und sagt, dass er sie wieder lieb hat.

Denis ist aber noch – zu Recht! – sauer. Sie setzt ihn mit ihren Bitten unter Druck. Denis darf nicht ärgerlich sein, weil es Heide noch in ihren Schuldgefühlen verstärkt und sie belastet. Innerlich erlebt sie sich „klein" und von Denis abhängig. Er soll sich zusammennehmen, was ihn überfordert.

Wenn Heide innerlich bei sich und „groß" bleibt, findet sie zu einer anderen Lösung.

Ruhig sagt Heide zu Denis: „Denis, es tut mir leid. Ich hab mit dir geschimpft. Das war nicht richtig." Denis ist noch verletzt und schaut sie nicht an.

Doch Heide reagiert nicht weiter darauf, sondern meint:

„Und danke Denis, dass du schon angefangen hast, die Milch aufzuwischen."

Auch jetzt bedauert Heide ihren Ausrutscher. Sie sieht ein, dass sie gerade ungerecht war. Sie weiß allerdings, dass sie den Fehler und die Verletzung nicht wieder rückgängig machen kann. Das muss sie jetzt aushalten. Aber sie nimmt sich vor, das nächste Mal besser aufzupassen.

Denis ist ärgerlich, aber Heide redet es ihm nicht aus. Das ist ein Teil dieser Situation und diese Folgen muss sie tragen. Mit der erwachsenen Haltung verändern sich diese Gefühle nicht, aber Heide nimmt sie als eigenes Problem wahr, das Denis nichts angeht.

Damit ist die Situation für sie erledigt. Als Erwachsene weiß sie, dass solche Ungerechtigkeiten vorkommen und auch für Denis Teil seines Lebens sind und weiter sein werden – auch wenn sie es bedauert.

Sehen wir an einem weiteren Beispiel, wie Eltern mit ihrer Nicht-Perfektheit umgehen:

Sommerferien. Die ganze Woche über brennt die Sonne heiß vom Himmel. Die siebenjährige Mira ist eine leidenschaftliche Schwimmerin. Ihr Vater Jürgen hat ihr versprochen, am Sonntag mit ihr an den Baggersee zu fahren. Mira freut sich schon die ganze Zeit darauf, denn mit Papa am See ist es immer lustig.

Am Sonntag hat Jürgen Kopfweh und fühlt sich etwas krank. Aber er fühlt sich an sein Versprechen gebunden. Wie steht er denn vor Mira da, wenn er sein Versprechen bricht! Vollkommen unglaubwürdig!

Eine schwierige Situation für Jürgen. Er möchte sein Kind nicht enttäuschen. Sie soll Vertrauen zu ihm und zu seinen Versprechen haben können!

Er kann in zwei Richtungen gehen. Hier die erste:

Jürgen beißt die Zähne zusammen und kommt mit zum Baggersee. Dort liegt er nur auf seiner Decke unter einem Sonnenschirm. Mira bittet Jürgen mit ihr ins Wasser zu kommen, mit ihr Wasserball zu spielen oder Federball. Doch Jürgen brummelt nur unter seinem Sonnenhut hervor.

Mira versucht den ganzen Nachmittag Jürgen zu animieren, irgendwann gibt sie frustriert auf. Auf der Heimfahrt sagt sie: „Das war richtig doof. Wenn du keine Lust hast, hätten wir auch daheim bleiben können."

Mira und Jürgen – beide sind frustriert. Zwar hat Jürgen sein Versprechen gehalten, aber das Ergebnis entspricht weder seinen Erwartungen noch denen seiner Tochter.

Jürgen wäre gern ein Super-Vater, der niemals sein Versprechen bricht und dadurch den Unmut seiner Tochter auf sich zieht. Aber das ist unrealistisch. Es ist eher wahrscheinlich und realistisch, dass es zu solchen Situationen kommen kann. Dazu muss Jürgen stehen.

Das sieht dann so aus:

Am Sonntag früh freut sich Mira auf den Ausflug zum Baggersee. Jürgen sagt ihr: „Ich weiß, du findest es jetzt blöd, aber es wird heute nichts aus unserem Ausflug. Ich habe Kopfweh und möchte lieber daheim im Schatten bleiben." Mira ist enttäuscht. „Aber Papa, du hast es mir doch versprochen. Und sein Versprechen muss man halten, sagst du immer!" Jürgen bleibt ruhig. „Mira, es war dumm von mir, dir ein Versprechen zu geben, das ich nicht halten kann. Wir können heute nicht zum Baden fahren. Es ist nicht deine Schuld. Und bei nächster Gelegenheit werden wir es nachholen."

Eltern möchten gern perfekt sein und nie irgendwelche Fehler machen. Sie möchten es nicht, dass ihre Kinder zu Recht böse auf sie sind, weil sie, die Eltern, etwas falsch gemacht haben. Aber das ist ein Teil des Zusammenlebens, dass jemand Fehler macht. Auch eine Mutter oder ein Vater!

Wer innerlich groß ist, steht zu seinen Fehlern und Versäumnissen. Er kann sie zugeben, ohne sich etwas dabei zu vergeben. Er wird sein Bestes tun, für die Zukunft daraus zu lernen, aber er weiß – auch dann wird er nicht fehlerlos bleiben.

„Manchmal wäre ich lieber selbst das Kind": Von der Schwierigkeit, „groß" zu sein

Heide tut alles für ihre zwei Kinder Denis und Cornelia. Seitdem sie davon gehört hat, wie wichtig es für Eltern ist, „groß" zu sein, bemerkt sie viele Situationen in ihrem Erziehungsalltag, wo sie das nicht verwirklicht. Ab und zu fühlt sie in sich diese Ruhe und Kraft als Mutter. Kleine Ursachen bringen sie dann aber schnell aus dem Gleichgewicht. Dann kippt etwas in ihr und sie verliert den Zugang zu dieser inneren Stärke. Manchmal wäre sie lieber selbst das Kind, entdeckt sie.

Sie möchte diese Kraft und Haltung so gern dauerhaft gewinnen, aber irgendwie ist sie blockiert. Ob sie sich noch mehr zusammennehmen muss? Vielleicht die ganze Willenskraft einsetzen?

Heide ist uns schon mehrmals begegnet. Ihr Einsatz und ihre Anstrengungen sind groß und dennoch stürzt sie immer wieder ab und scheitert mit ihren Versuchen.

Fehlt ihr vielleicht etwas Grundsätzliches? Aber was?

Heides wunder Punkt liegt in der Beziehung zu ihren eigenen Eltern. So wie das Verhältnis zu ihnen war, wird es auch zu den eigenen Kindern sein. Wenn das Verhältnis zu den eigenen Eltern belastet war, hat jemand später ein schwieriges Verhältnis mit seinen Kindern.

Heide war als Kind die Vertraute ihrer Mutter. Sie war stolz darauf, aber auch sehr unter Druck. In der Pubertät kam es dann zu heftigen Krisen. Schließlich war Heide so sauer, dass sie auszog und über mehrere Jahre den Kontakt mit der Mutter abbrach.

Inzwischen besteht der Kontakt wieder, aber er ist recht kühl und distanziert. Heide hält ihre Mutter für schwach und lebensuntüchtig. Sie hat sich fest vorgenommen, es besser als ihre Mutter zu machen.

Kann man Heide angesichts dieser Mutter nicht verstehen? Ist es nicht anerkennenswert, was sie versucht?

Aber leider funktioniert das nicht – wie Heide zu ihrem Leidwesen mit Denis und Cornelia feststellen muss. Sie ist nicht besser als ihre Mutter. Und das Fatale: je besser sie sein will, desto ähnlicher wird sie ihr. Immer wieder entdeckt Heide diese unangenehmen Ähnlichkeiten und ist entsetzt. Dann beißt sie die Zähne zusammen und fasst neue gute Vorsätze.

Je stärker jemand anders werden will als Vater und Mutter, desto größer ist die geheime Anziehung, die ihr Vorbild entfaltet. An der Oberfläche mag es da zunächst anders aussehen, aber insgeheim wird er immer ähnlicher. Und die eigenen Kinder erleben einen dann so wie man früher selbst die eigenen Eltern erlebte.

Hat Heide also keine Chance? Muss sie zwanghaft die Nachfolge ihrer Mutter antreten? Bleibt sie geprägt von ihr auf immer?

Es gibt ein „Geheimnis„, die gute Kraft als Mutter oder als Vater dennoch zu erlangen. Wer es kennt, findet zu dieser Kraft. Der Weg dahin ist allerdings am Anfang oft unangenehm und hart.

Das Geheimnis liegt in der Achtung der Eltern. Heide fühlt sich ihrer Mutter überlegen. In der Sprache der Aufstellungen wird das „anmaßend„ genannt. Von der Achtung ist sie noch weit entfernt. Heide verachtet eher ihre Mutter.

Aber erst wenn Heide ihre Mutter achtet, löst sich der Drang zur zwanghaften Nachahmung auf. Damit entspannt sich tief in ihrem Inneren etwas.

Was beinhaltet diese Achtung? Heide tut den ersten Schritt auf dem Weg dahin, wenn sie anfängt, ihre Mutter als Mensch zu sehen und die Lasten zu erkennen, die sie in ihrem Leben tragen musste.

Heides Mutter kam als Nachkriegskind zur Welt. Der Vater war krank aus dem Krieg zurückgekommen und blieb immer verschlossen. Schon als Kind musste sie viel Verantwortung übernehmen und ihrer eigenen Mutter an der Seite stehen. Als sie dann heiratete, war Heide ihr erstes Kind von insgesamt dreien. Sie blieb als Hausfrau zu Hause und sorgte für ihre drei Kinder.

Wenn Heide beginnt, so ihre Mutter anzuschauen, kann sie ihrem Mitgefühl für ihre Mutter und ihrer Liebe zu ihr begegnen. Diese Liebe tut manchmal weh, so stark ist sie. Sie sieht ihrer Mutter in die Augen und entdeckt all das Schwere, das ihre Mutter trägt.

Wie von allein entsteht hieraus der nächste Schritt. Heide lässt ihre Mutter so wie sie ist und achtet sie. Der beste Ausdruck für die Achtung ist die Verneigung. Der Kopf, der so lange starr nach oben gehalten wurde, neigt sich. Besserwisserei und Überheblichkeit schwinden.

Gleichzeitig taucht der Dank auf, dass die Mutter Heide das Leben geschenkt hat. Wer zu dieser Haltung findet, wird gegenüber den eigenen Eltern „klein" und kommt innerlich zur Ruhe. Wer sich mit seinen Eltern versöhnt, versöhnt sich mit dem Leben insgesamt.

Kinder sind ja oft unzufrieden und beklagen sich über das Ungute, was sie bekommen und das Gute, das sie vermisst haben. In Aufstellungen hat Bert Hellinger kraftvolle Sätze für diesen Dank gefunden, die immer wieder auf einer tiefen Ebene das Verhältnis zu den Eltern heilen.

Das Kind steht dabei vor Vater oder Mutter und sagt ihnen:

„Du bist mein Vater/meine Mutter
und ich bin dein Kind.
Durch dich ist das Leben zu mir gekommen
und das ist das größte Geschenk
und dafür danke ich dir.
Ich nehme dankbar alles andere, was ich bekommen habe.
Es ist sehr viel, und es reicht.
Und was ich nicht von dir bekommen habe,
nehme ich dankbar von anderen an.
Und jetzt lasse ich dich in Frieden."

Mit diesen Sätzen schmelzen die Klagen angesichts dessen, was man erhalten hat, dahin. Eine Verneigung, die das Kind zu diesen Sätzen macht, drückt ihre Bedeutung aus. Die Stellvertreter der Eltern werden regelmäßig freundlich und liebevoll, wenn sie diese Sätze hören. Sie schauen freundlich zum Kind.

Mit der Achtung und dem Dank wird das Kind „klein". Es fühlt sich sicher und behütet. Die Eltern stehen „groß" vor ihm. Sie tragen die Lasten, die es in der Familie gibt, die Schwierigkeiten ihres eigenen Lebens. Die vorher vielleicht verborgene Liebe und Kraft der Eltern fließt ungehindert zum Kind hin.

Dann kann das Kind sich umdrehen. Es ist frei für das Leben. Die Kraft von Mutter oder Vater spürt es in seinem Rücken. Die eigenen Kinder stehen jetzt vor einem. Mit der Kraft der Eltern hinter einem ist man „groß" gegenüber den Kindern, die „klein" vor einem stehen. Man wird seinen Kindern als Halt gegenübertreten und sie werden sich geborgen fühlen.

Kleine und große Geschwister

Die fünfjährige Cora und die siebenjährige Cornelia stehen beim Küchenbüfett und beobachten die Mutter scharf, als sie zwei Schokoladenstückchen auf die Waage legt, nach dem Gewicht sieht und zwei weitere Stücke dazulegt.

„Coras Stück wiegt mehr, Mutti. Das ist nicht gerecht. Ich bekomme nicht so viel wie sie", sagt Cornelia. „Nein, es ist genau dasselbe, genau dasselbe", sagt ihre Schwester.

„Nein Cora, Cornelia hat Recht. Ich versuch es noch einmal." Die Mutter wiegt die Schokoladenstücke noch genauer aus, bis jedes Mädchen genau gleich viel bekommt. (aus Dreikurs)

Eltern bemühen sich um Gerechtigkeit. Die Mutter von Cora und Cornelia will beiden bis auf jedes Gramm genau viel Schokolade geben, damit keine von beiden sich benachteiligt fühlt. Abgesehen davon, dass man es auch mit Gerechtigkeit übertreiben kann – Gleichheit ist nicht immer gerecht.

Kinder unterscheiden sich auch dem Alter nach. Nicht nur zwischen Eltern und Kindern gibt es so etwas wie eine Rangordnung. Vergleichbares, wenn auch nicht in diesem Ausmaß, gilt auch zwischen Geschwistern. Bert Hellinger hat festgestellt, dass die Reihenfolge nach dem Alter in Familien eine große Bedeutung hat. Das älteste Kind kommt zuerst, das zweite danach, das dritte nach dem zweiten usw.

Mit dieser Ordnung haben Kinder keine Schwierigkeiten. Im Gegenteil, die Rangfolge nach dem Alter entspricht ihrem inneren Gefühl und in dieser Ordnung fühlen Kinder sich wohl auf ihrem Platz.

Für Sarah (13) und Leonie (10) ist es Bettgehzeit. Beim Zähneputzen geht das allabendliche Theater los. Die beiden Mädchen fangen zu streiten an.

Vater Georg ruft aus dem Wohnzimmer: „Schluss jetzt und ab in die Betten!". Da kommt Sarah aus dem Bad und stellt sich motzig in die Wohnzimmertür: „Und außerdem ist es ungerecht, dass ich zur gleichen Zeit mit Leonie ins Bett muss. Ich bin ja schließlich drei Jahre älter!"

Mutter Traudel dreht die Augen gen Himmel. Jeden Abend die gleichen Diskussionen. „Nichts, da. Ab ins Bett, alle beide!" ruft sie. Leonie und Sarah gehen in ihr Zimmer. Nach ein paar Minuten hört man wieder lautes Streiten. Traudel ruft ins Kinderzimmer: „Ruhe jetzt!", dann dreht sie sich genervt zu ihrem Mann: „Dass die nicht einmal friedlich ins Bett gehen können."

Sarah ist sauer, weil sie zur gleichen Zeit wie ihre kleine Schwester zu Bett gehen soll. Weil ihre Eltern keinen Unterschied machen, lässt Sarah ihren Ärger an Leonie aus. Sie fühlt sich nicht als älteres Kind gesehen und beachtet. Wie könnte eine Lösung aussehen?

In der nächsten Woche erklärt die Mutter eines Abends: „In Zukunft darf Sarah eine halbe Stunde länger aufbleiben als Leonie." Sarah strahlt.

Leonie fängt an zu meckern: „Das ist ungerecht! Das ist ungerecht! Warum darf Sarah länger wach bleiben als ich!" Die Mutter antwortet ruhig: „Sarah ist drei Jahre älter als du, deswegen. Wenn du 13 bist, dann darfst du auch so lange aufbleiben wie Sarah jetzt."

Wenn sich zwischen den Kindern keine Probleme ergeben, ist eine unterschiedliche Behandlung nicht nötig. Aber gerade bei Kindern, die im Alter relativ nahe beisammenliegen, kann eine Ursache von Geschwisterstreit darin liegen, dass die Kinder um ihren Platz rangeln. Dann ist es Sache der Eltern, diesen deutlich zu machen.

Die Brüder Pascal, 5 Jahre, und Leo, 4 Jahre, spielen im Kinderzimmer Lego. Plötzlich fangen sie wieder zu streiten an. „Jetzt brauche ich das rote Klötzchen!" „Nein, das ist meines!" „Nein, meines!"

So geht das jeden Tag mehrmals. Aus unerfindlichen Gründen, aus Nichtigkeiten entzündet sich ein Streit. Ihre Mutter geht ins Kinderzimmer und schlichtet: „Hört doch jetzt auf, ihr seid doch beide schon groß. Große Kinder müssen nicht andauernd streiten. Also, wie war das gerade mit dem Klötzchen!"

Die Eltern von Pascal und Leo haben sich immer bemüht, sie beide gerecht zu behandeln, das war in ihren Augen sie gleich zu behandeln. Pascal sollte gegenüber Leo keine Vorrechte haben. Aber auf diese Weise fühlt Leo sich herausgefordert, Pascal seinen Platz als Älterem streitig zu machen.

Beim nächsten Streit spricht die Mutter mit beiden Söhnen. Zuerst sagt sie zu Pascal: „Du bist der große Bruder und Leo der jüngere." Pascal freut sich.

Dann teilt sie das noch einmal ausdrücklich Leo mit:
„Du bist der Kleine und Pascal ist dein großer Bruder." Leo
entspannt sich plötzlich und schaut erleichtert.

Das beinhaltet nicht, dass der Kleinere dem Großen nachgeben muss oder umgekehrt. Diese Reihenfolge enthält
keine Aussage, weder über den Wert eines Kindes noch
über seine besonderen Qualitäten. Das erste ist nicht besser als das zweite oder dritte. Es geht hier bei dieser Ordnung lediglich um den angemessenen Platz in der Familie.
Das dritte Kind kann hochbegabt sein und den zwei älteren
Geschwistern bei den Hausaufgaben helfen, aber es bleibt
trotzdem das dritte. Es kommt in der Geschwisterfolge
nach seinen beiden älteren Geschwistern. Wenn das hoch-
begabte Kind um seinen Platz als drittes weiß, können die
älteren zwei auch gut die Erklärungen von ihrem jüngeren
Geschwister annehmen.

Erfahrungen von Seminarteilnehmern zeigen, dass auch
die Sitzordnung am Tisch zur Entspannung in einer Familie beitragen kann. Eine gute Ordnung ist oft, wenn dem
Uhrzeigersinn nach erst Vater und Mutter kommen und
dann die Kinder dem Alter nach.

Groß-Eltern

Vor dem Einschlafen spricht Heide ihren Ehemann Roland
an: „Nächsten Monat wirst du 35. Das wäre doch eine gu-
te Gelegenheit wieder einmal ein Familienfest zu machen
und alle einzuladen, deine Eltern, deinen Bruder und dei-
ne Schwester."

Roland ist nicht begeistert. „Auf ein Familienfest habe
ich keine Lust. Meine Eltern, die gehen mir so schnell auf
die Nerven. Die stellen hier nur alles auf den Kopf. Das

muss ich mir bei meinem Geburtstag nicht unbedingt antun."

„Aber Cornelia und Denis würden sich sicherlich freuen. Die mögen ihre Großeltern doch sehr. Und deine Eltern sind auch ganz närrisch mit ihnen", meint Heide. Roland schüttelt den Kopf. „Das werde ich mein Lebtag nicht verstehen, wie meine Eltern mit Denis und Cornelia umgehen. Die reinste Affenliebe!"

Cornelia und Denis lieben ihre Großeltern, und auch die Großeltern sind ganz begeistert, wenn sie ihre Enkel sehen. Sie bringen ihnen jedes Mal Süßigkeiten mit und lassen sie plappern, während sie selbst aufmerksam zuhören. Roland steht daneben und schüttelt den Kopf. So hat er selbst seine Eltern nie kennen gelernt. Richtig neidisch könnte er nachträglich noch werden.

Roland ist kein Einzelfall. Viele Eltern staunen, wie die eigenen Eltern sich verwandeln, wenn Enkel auf der Welt sind. Großeltern können oft ihr Herz eher den Enkeln zeigen. Bei den eigenen Kindern war es noch mehr belastet und verschlossen. Bei den Kindern ihrer Kinder geht es auf. Dadurch, dass noch eine Generation mehr dazwischen ist, fällt es ihnen leichter, „groß" zu sein.

Auch Enkelkinder verbindet eine besondere Liebe mit den Großeltern. Ihre Eltern, die Kinder der Großeltern, tragen manchmal noch den Ärger und die Enttäuschungen der Kindheit weiter und sind deswegen ihren Eltern gegenüber verschlossen. Wenn Roland von „Affenliebe" spricht, dann schwingt noch alter Ärger mit. Aber die Enkelkinder, Denis und Cornelia, sind damit nicht belastet und können deshalb leicht auf ihre Großeltern zugehen.

In der Liebe der Großeltern zu den Enkelkindern ist immer auch die Liebe zu den eigenen Kindern verborgen, denn durch sie sind die Enkelkinder gekommen. Wenn Eltern das erkennen, dann vergeht der Neid und in ihnen selbst kann etwas heilen.

Eltern tun ihren Kindern etwas Gutes, wenn sie den Kontakt mit Großeltern, Onkeln und Tanten fördern und erleichtern. Kinder fühlen sich dadurch mehr aufgehoben und eingebunden in das große Netz einer Familie.

Anregungen:
Sechs Schritte, um zu einer neuen Elternhaltung zu gelangen

Mit seinem 15-jährigen Sohn Marcus gerät Robert immer wieder heftig aneinander. Kaum gibt es irgendetwas auszusetzen, dann schreit Robert nach fünf Minuten herum und Marcus wehrt sich lautstark. Robert findet, dass Kinder auch und gerade heute strenge Richtlinien brauchen.

Seine Frau Ria ermuntert ihn, doch einmal mehr zu fragen und zuzuhören, statt immer gleich loszubellen. Die Haltung, mit heranwachsenden Kindern mehr und mehr partnerschaftlich umzugehen, ist Robert fremd. Das hat er früher selber nicht erlebt.

Aber bei nächster Gelegenheit probiert er es einmal aus. Er führt mit Marcus ein Gespräch mehr von gleich zu gleich, von Mann zu Mann. Er erlebt und entdeckt einen völlig anderes Kind. Marcus taut auf, erzählt ihm wie er sich fühlt und freut sich sichtlich über diese Begegnung mit seinem Vater.

Robert kommt ins Nachdenken und fängt an, seine bisherige starre Haltung langsam zu ändern.

Positive Erfahrungen sind hilfreich, eine neue Haltung anzuregen und zu unterstützen. Manchmal, wie in dem Beispiel von Robert, genügt es zu entdecken, welche neue Reaktion jemand von seinem Kind durch das ungewohnte Verhalten bekommt und wie viel mehr dadurch bewirkt wird.

Aber nicht immer geht es so reibungslos. Oft erfordert es viel Auseinandersetzung mit uns selbst, eine Haltung zu ändern. Es ist nichts, was wir durch bloße Willensanstrengung erreichen. Wir müssen mehr von den Hintergründen unseres Verhaltens kennen und verstehen.

Hier folgen sieben Schritte, die zum Gewinnen einer neuen Haltung als Mutter und Vater, um „groß„ zu sein, hilfreich sind. Natürlich sind sie in der Praxis nicht immer so klar getrennt, sondern können sich mischen.

- Schritt 1: Erkennen und Erforschen der derzeitigen Erziehungshaltung

  Bevor jemand eine neue Haltung erwirbt, muss er oder sie erst einmal erkennen, welche Haltungen das bisherige Verhalten bestimmen. Selten wird es nur eine einzige Haltung sein, die das komplette Verhalten leitet. Viel häufiger ist es ein Bündel von oft widersprüchlichen Haltungen, die je nach Situation bestimmen.

  Dazu ist es sinnvoll, Situationen im Erziehungsalltag zu analysieren und sich folgende Fragen zu stellen:

  Wie reagiere ich auf ein bestimmtes Verhalten meines Kindes?

  Was ist die Haltung dahinter?

Weitere Anregungen erhält, wer erforscht, wie die Haltungen entstanden sind.

  Wie bin ich zu diesen Haltungen gekommen?

  Habe ich sie übernommen?

  Welche Haltungen stammen mehr von meiner Mutter?

  Welche mehr von meinem Vater?

  Von anderen? (Verwandten, Lehrern, Nachbarn usw.)

  Habe ich sie durch eigene Erfahrungen erworben?

  Durch welche Erfahrungen?

- Schritt 2: Bewerten der derzeitigen Erziehungshaltung

  Als nächstes kommt der Schritt, die bisherigen Haltungen ein Stück objektiver von außen anzuschauen und zu beurteilen:

  Was ist positiv an meinen Haltungen?
  In welchen Situationen, in welchen nicht?
  Was ist negativ an meinen Haltungen?
  In welchen Situationen, in welchen nicht?

- Schritt 3: Intellektuelles Finden einer neuen Haltung

  Dem dient dieses Buch. Es soll neue Perspektiven eröffnen, Verständnis für sinnvolle Haltungen von Eltern wecken und Verhalten beschreiben, das daraus wächst.

  Setzen Sie sich kritisch damit auseinander und vergleichen Sie es mit Ihren eigenen Erfahrungen. Wenn Ihnen eine neue Haltung sinnvoll und angemessen erscheint, wenn Sie ihren Hintergrund verstehen, dann ist der Samen einer neuen Überzeugung in Ihnen gesät.

- Schritt 4: Das Verhältnis zu den eigenen Eltern klären

  Eine Übung in der Vorstellung ist hilfreich:

  Stellen Sie sich vor, wie Sie dastehen, Ihre Kinder vor Ihnen und Ihre Eltern hinter Ihnen.

  Schauen Sie die Kinder an und sagen Sie zu Ihnen: „Ihr seid meine Kinder. Bei euch bin ich die Große.

  Wenn ich etwas brauche, dann gehe ich zu meinen Eltern, dort bin ich klein."

  Spüren Sie, wo Sie zustimmen können und wo Sie Widerstand empfinden.

  Setzen Sie sich mit dem Inhalt des vorigen Abschnitts intensiv auseinander. Bei dem Versuch, das Verhältnis zu Ihren Eltern zu heilen, können Sie auf innere, allein nicht überwindbare Barrieren stoßen. Manchmal gibt es auch Schwierigkeiten, „Verstrickungen", die aus dem Familiensystem stammen und sich zunächst allein nicht auflösen lassen. Dann ist eine Familienaufstellung sinnvoll.

- Schritt 5: Neues Verhalten im Erziehungsalltag ausprobieren

  Jetzt ist es Zeit, diese Überzeugung in Handeln umzusetzen und so im Erziehungsalltag lebendig werden zu lassen. Zweckmäßig ist es, zunächst kleine Schritte zu gehen. Sie nutzen kleine, wenig belastete Situationen des Alltags, um ein neues Verhalten, das die neue Haltung verkörpert, auszuprobieren.

  Erinnern Sie sich immer wieder daran, wer „groß" ist und wer „klein" ist.

  Achten Sie genau darauf, wie sich „Groß-sein" anfühlt und wie es sich von „Klein-sein" unterscheidet.

- Schritt 6: Die neue Haltung integrieren

  Sie sollen nicht an eine neue Haltung glauben, weil es Ihnen eine Autorität vermittelt hat. Damit würden Sie weiter in dem Zustand des unmündigen Kindes bleiben, das hinter einer Autorität herläuft. Viel wichtiger ist es, einen eigenen Standpunkt zu finden, der in einem selbst gegründet ist. Dazu müssen Sie sich auf die eigenen Erfahrungen stützen.

  Um eine neue Haltung zu integrieren, ist es sinnvoll, nach einer Situation mit einem neuen Verhalten eine Auswertung zu machen. Zur Auswertung können Sie sich folgende Fragen stellen:

  Welches Ergebnis hatte dieses Verhalten?

  Bei meinem Kind? Bei mir selbst?

  Bin ich damit zufrieden?

  Gibt es Schwierigkeiten und Widersprüche?

  Ist mir durch diese Erfahrung die neue Haltung näher gekommen?

Wenn nein – kann es auch daran liegen, dass ich innerlich dagegen war?

Wenn Sie auf diese Weise Ihre Erfahrungen verarbeiten, können Sie langsam, Schritt für Schritt, auch tief verwurzelte innere Haltungen ändern. Manchmal stoßen Sie auch an Ihre Grenzen und brauchen Unterstützung von außen.

- Schritt 7: Rückfälle sind ein Teil des Weges
  Veränderungen brauchen Zeit und Geduld. Rückfälle gehören auf der Reise mit dazu. Wenn Sie einen Rückfall dazu benutzen, sich selber und Ihre Bemühungen schlecht zu machen, fallen Sie sich selbst in den Rücken. Lassen Sie Selbstvorwürfe sein. Klopfen Sie sich statt dessen innerlich anerkennend auf die Schulter für die bisher gemachten Anstrengungen. So finden Sie am schnellsten zurück zu Ihrer Mitte und Kraft.

Kapitel 5

Die Patchwork-Familie:
Neue Ordnungen und Lösungen

Die „Patchwork-Familie" taucht als Schlagwort in den Diskussionen über Ehe und Familie in den letzten Jahren immer häufiger auf. Damit sind die neuen, vielfältigen Familienformen gemeint. Die alte Familienstruktur bestand aus Vater, Mutter und einem oder mehreren Kindern, die zusammenlebten.

Immer häufiger löst sich heute diese Struktur auf. Paare mit Kindern trennen sich. Manche – hauptsächlich die Mütter – werden zu Alleinerziehenden. Viele finden sich wieder mit neuen Partnern zusammen. Die neuen Partner werden zu Stiefvätern und Stiefmüttern. Aber während in einer Stieffamilie früher der Vater oder die Mutter meist gestorben war, leben die Elternteile heute in naher oder ferner Umgebung weiter, wiederum mit einem neuen Partner, bekommen wieder eigene Kinder und so fort.

Als gesichert gilt immerhin, dass in Deutschland von den rund zehn Millionen Familien mit Kindern rund 1,5 Millionen zusammengewürfelt sind. Andere Expertenschätzungen gehen sogar von rund 2,5 Millionen Stieffamilien aus.

Da hat z. B. ein Kind ein Halbgeschwister von der ersten Beziehung der Mutter und ein Geschwister von der zweiten Beziehung. Und es lebt jetzt zusammen mit einem weiteren Halbgeschwister vom dritten Mann und dessen einem Kind, das er mit in die Ehe gebracht hat. Ordnung, so künstlich sie auch früher manchmal aufrechterhalten blieb, wandelt sich zu unübersichtlicher Unordnung oder sogar Chaos. Wer ist eigentlich mit wem wie verwandt?

Die Kinder sind in dem Ganzen der schwächste Teil. Sie folgen den Entscheidungen der Erwachsenen. Sie müssen dahin gehen, wohin die Eltern sie mitnehmen oder hinschicken.

Gerade für Eltern in Patchwork-Familien sind die Aussagen über Ordnungen in Familien von Bert Hellinger hilfreich.

Kinder haben ein Recht auf beide Eltern

Karin und Alex sind seit 11 Jahren verheiratet und haben zwei Kinder, die zehnjährige Anne und den dreijährigen Jonas.

Nach einem Wochenende bei ihren Eltern findet Karin auf dem Küchentisch einen Brief von Alex, in dem er ihr erklärt, dass er vor einiger Zeit eine andere Frau kennen gelernt hat und jetzt zu ihr gezogen ist. Karin ist fassungslos.

Als Alex sich nach vier Wochen meldet, um seine Kinder zu besuchen, verweigert Karin ihm den Besuch. „Wer sich so verhält, ist kein Vater! Wenn dir die andere wichtiger ist als ich und die Kinder, kannst du bleiben, wo der Pfeffer wächst!" schreit sie fuchsteufelswild durch den Telefonhörer.

Anne und Jonas verstehen die Welt nicht mehr. Gestern war der Papa so wichtig, und heute können sie nicht einmal mehr nach ihm fragen, ohne dass ihre Mutter wütend wird. „Dein Vater ist ein Lügner und ein Lump. Ich will nichts mehr mit ihm zu tun haben! Und du lässt ihn besser auch. Der will doch gar nichts mehr von dir!" schleudert sie Jonas entgegen, als er einmal nach seinem Vater fragt.

In einer Familie mit Kindern existieren für die Erwachsenen zwei Ebenen: die Paarebene und die Elternebene. Auf der Paarebene haben Karin und Alex sich verliebt und geheiratet. Mit der Zeugung und Geburt von Anne und Jonas ist neu und zusätzlich die Elternebene hinzugekommen.

Karin und Alex trennen sich als Paar. So wie sie die Paarbeziehung eingegangen sind, können sie sie wieder lösen. Die ursprüngliche Liebe erlischt. Ein Paar geht auseinander und bildet mit neuen Partnern neue Paare.

Aber die Beziehung zwischen Eltern und Kind lässt sich nicht lösen. Natürlich wandelt sie sich äußerlich, aber sie bleibt bestehen. Die Kinder werden älter – aber sie bleiben ein Leben lang die Kinder. Und auch nach ihrer Trennung bleiben die Eltern Eltern.

Alex hat Anne und Jonas gezeugt, er bleibt immer der Vater von ihnen – auch wenn Karin findet, dass Alex sich nicht wie ein Vater verhält. Genauso bleibt Karin immer die Mutter der beiden. Denn sie hat diese Kinder empfangen und auf die Welt gebracht.

Die Paar- und die Elternebene beeinflussen sich zwar, aber sie bleiben deutlich unterschieden. Wenn ein Mann und eine Frau sich lieben, entsteht ein Band als Paar zwischen ihnen. Wenn das Paar dann ein Kind bekommt, wird dieses Band stärker und fester. Gleichzeitig entstehen zwei neue Bänder, eines zwischen dem Vater und dem Kind und eines zwischen der Mutter und dem Kind.

Wenn nun der Mann sich zu weit von der Frau entfernt oder die Frau sich zu weit vom Mann entfernt oder beide in entgegengesetzte Richtungen gehen, zerreißt dieses Band zwischen dem Paar. Wenn keine Kinder vorhanden sind, zerreißt es schneller, weil es nicht so haltbar ist. Paare sind schneller bereit sich zu trennen, wenn keine Kinder da sind. Aber auch wenn Kinder da sind, ist das keine Garantie, dass das Band zwischen Mann und Frau auf immer hält.

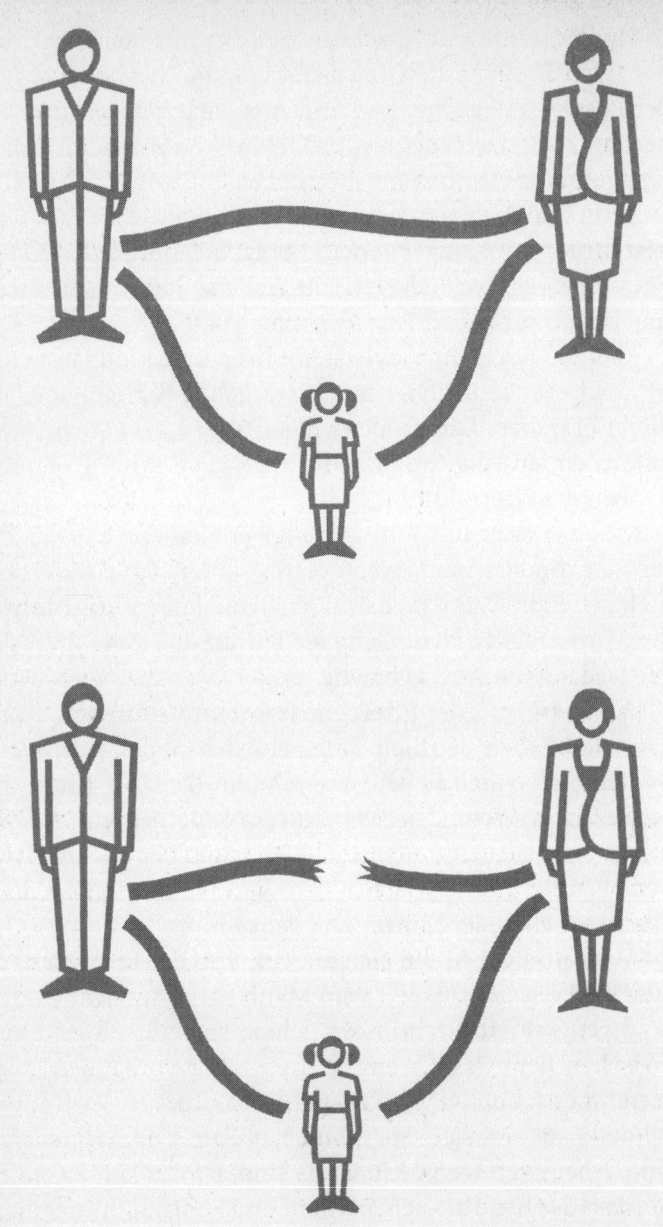

Aber das jeweilige Band, das der Vater zu seinem Kind und die Mutter zu ihrem Kind hat, bleibt weiter bestehen. Es hat nichts mit dem Band des Paares zu tun. So sind die Eltern dann zwar als Mann und Frau getrennt, aber als Eltern ihres Kindes bleiben sie über das Kind verbunden.

Für Karin und Alex ist es wichtig zum Wohl ihrer Kinder beide Ebenen innerlich zu trennen. Karin kann ihren Groll auf Alex haben. Aber wenn es um die Kinder geht, hat sie ihren Zorn – nach Möglichkeit – draußen zu halten.

Wenn Kinder zur Waffe werden

Karin hat immer noch eine maßlose Wut auf Alex, weil er sie verlassen hat.

Sie weiß, wie sie Alex am meisten treffen kann. Während des Trennungsjahrs und auch nach der Scheidung verhindert Karin mit allen Mitteln, dass Alex seine Kinder sieht.

Alex fängt an, den Unterhalt für die Kinder unregelmäßig zu bezahlen.

Bei einer Trennung gibt es häufig viele Verletzungen. Oft entschließt sich der eine zum Gehen und der andere sieht sich plötzlich verlassen. Dann kommt ein gewaltiger Schmerz und Zorn hoch. „Dein Vater ist ein Lügner und ein Lump. Ich will nichts mehr mit ihm zu tun haben! Und du lässt ihn besser auch. Der will doch gar nichts mehr von dir!" Das sind die Sätze, die in diesem Zorn bei Karin losbrechen. Hört Alex das und reagiert er entsprechend, fängt die Schraube der Eskalation an sich zu drehen.

So verständlich der Zorn von Karin sein mag, so schädlich wird dieser Zorn für die Kinder, wenn er dauerhaft das Klima bestimmt. Ganz gleich wie schäbig sich Alex verhalten hat – er bleibt der Vater von Anne und Jonas. Seine Kinder brauchen ihn, ja sie haben ein Recht auf ihn. Im Grunde geht dieses Band ihre Mutter gar nichts an, weil es das ganz persönliche Band von Anne und Jonas zum Vater ist.

Kinder eignen sich so gut als Waffe, um den anderen zu treffen! Wenn Karin wütend ihre Machtmittel einsetzt, um dieses Band zu stören, verletzt sie ihre Kinder. Zwar trifft sie Alex, aber auch Anne und Jonas. Diese sind dann die Leidtragenden ihres Zorns.

Manchmal ist der Schmerz über die Trennung bei Karin so groß, dass sie sich einfach verschließt: „Ich will mit Alex nichts mehr zu tun haben, nicht mehr an ihn denken, nicht mehr von ihm reden – geschweige denn mit ihm reden. Nichts soll mich mehr an ihn erinnern. Ich möchte ihn einfach aus meinem Leben streichen, als ob er nie gewesen wäre." Ein großer Hass auf Alex steigt auf.

„Im Eifer des Gefechts" kommen dann die Kinder als Faustpfand und Kampfmittel gelegen. Karin verhindert, dass Alex die Kinder sieht. Alex fängt an, den Unterhalt unregelmäßig zu zahlen. Man zielt auf den anderen, trifft aber das Kind.

Karin und Alex müssen ihre Auseinandersetzungen direkt miteinander führen. Sie haben die Kinder hier herauszuhalten.

Manchmal will auch ein Elternteil „ein neues Leben" beginnen und deshalb die Verantwortung für sein Kind nicht mehr sehen. Mit dem „alten Leben" abschließen, bedeutet dann auch, das Kind zur Seite schieben. Meistens ist es der Vater, der keine Alimente mehr bezahlt.

Wenn der Mann sich auf diese Weise seiner Verantwortung für sein Kind entzieht, begeht er ein Unrecht. Die Frau ist ihm zu Recht böse. Dieser Zorn gehört aber auf die Paarebene. Alle Auseinandersetzungen um Alimente, Besuchszeiten und Ähnliches gehören in den Bereich zwischen Vater und Mutter. Natürlich kann Karin, wenn erforderlich, zum Jugendamt gehen und einen Titel auf Zahlung des Unterhalts erwirken. Aber auch dann bleibt Alex der Vater, den seine Kinder brauchen.

Frauen, die aus Rache das Besuchsrecht verweigern, d.h. den Mann hindern seinen Platz als Vater weiter zu behalten, tun dem Mann und den Kindern Unrecht.

Bert Hellinger hat einen Vorschlag, was Väter tun können, wenn sie ihre Kinder nicht sehen dürfen. Der Vater soll dem Kind vermitteln, dass er der Vater ist und dass sich das Kind auch in Zukunft auf ihn verlassen kann, was immer auch kommen mag. Der Vater braucht dies dem Kind nicht selbst zu sagen, wenn er keinen Zutritt zum Kind hat. Er kann z. B. die Botschaft durch einen Freund oder eine Freundin der Familie übermitteln lassen.

Fast jede Trennung ist mit großem Schmerz verbunden.

„Meist geht es zu Ende, ohne dass einer Schuld hat, es geht zu Ende, weil jeder in einer für ihn eigenen Weise verstrickt ist oder weil jemand auf einem anderen Weg ist oder auf einen anderen geführt wird. Sobald ich aber eine Schuld ausmache, habe ich die Vorstellung und Illusion, ich könnte etwas tun oder der andere oder wir bräuchten uns nur anders verhalten, und alles wäre gerettet. Dann wird die Größe und Tiefe der Situation verkannt und verlagert sich auf die Schuldsuche und Vorwürfe, die sie sich gegenseitig machen. Die Lösung ist, dass sich beide ihrer Trauer überlassen, dem ganz tiefen Schmerz, der Trauer darüber, dass es vorbei ist." (Hellinger)

Es gibt neben der Schuldsuche noch einen anderen seelischen Mechanismus, der verhindert, dass dieser volle Schmerz gespürt wird. Der Zorn ist ein leichter zu ertragendes Gefühl als der Schmerz. Solange ich zornig bin, spüre ich den Schmerz und den Verlust nicht. Erst, wenn ich den Zorn lasse, wenn ich aufhöre, mich oder den anderen zu beschuldigen, kann ich mich dem Verlust und der Trauer darüber stellen.

Um den Schmerz nicht zu spüren, ist die Verachtung ebenfalls ein gutes Hilfsmittel. Meistens ist die Verachtung *vor* einer Trennung besonders groß, weil dann die Trennung leichter fällt. Denn wenn ich meinen Ex-Partner verachte, fühle ich nicht den Schmerz über die Trennung.

Es erfordert innere Größe, als Mutter und Vater den eigenen Zorn und den eigenen Schmerz immer wieder zum Wohl des Kindes zurückzustellen. Es ist nicht leicht und kostet oft enorme, bewundernswerte Überwindung.

In Aufstellungen werden oft einige wichtige Sätze gesagt, die den Kern der Beziehungen zwischen Eltern und Kindern treffen. Vater und Mutter stehen vor den Kindern, schauen sie an und sagen ihnen die folgenden Sätze entsprechend. Karin z. B. würde Anne und Jonas sagen:

„Die Auseinandersetzung ist die Sache von uns Großen. Das machen wir Großen unter uns aus. Ihr seid nur die Kleinen und ihr könnt uns weiter als Eltern haben. Ich bleibe eure Mutter und euer Vater bleibt euer Vater. Ihr müsst euch nicht entscheiden."

Eine Hilfe für Eltern bei einer Trennung mag die Einsicht sein, dass zu einem Konflikt immer zwei gehören – auch wenn es manchmal so aussieht, als wenn nur der eine Partner Schuld hätte und der andere unschuldig ist. Im Zorn ist der eigene Anteil oft gar nicht sichtbar. Aber es gibt ihn!

Heilsam in Aufstellungen bei der Trennung ist folgendes Vorgehen. Die getrennten Partner stehen sich gegenüber. Dann sagt zunächst der eine zum anderen:

„Ich danke dir für alles, was ich von dir bekommen habe. Und was du von mir bekommen hast, darfst du gerne behalten. Und ich übernehme meinen Teil der Verantwortung an der Trennung und deinen Teil der Verantwortung lasse ich bei dir. Ich gebe dir einen Platz in meinem Herzen als meinem früheren Mann/meiner früheren Frau. Und durch unsere Kinder bleiben wir verbunden." Dann sagt das auch der andere Partner zurück.

Diese Sätze lösen oft auf eine gute Weise. Natürlich können sie noch nicht aus dem Herzen kommen, wenn das Gefecht erst angefangen hat. Aber irgendwann kommt der Zeitpunkt und der Wunsch – gerade im Interesse der Kinder möglichst bald –, den Kampf beizulegen.

Die Eltern tragen ihre Verantwortung

Marion und Rolf haben sich vor drei Jahren scheiden lassen. Die achtjährige Amelie lebt bei Marion.

Amelie war bei ihrem Vater Rolf zum Wochenendbesuch. Als ihre Mutter Marion sie zu Bett bringt, platzt Amelie heraus: „Ich finde dich doof, weil du dich vom Papa scheiden hast lassen." Marion bleibt einen Moment die Luft weg.

Amelie ist von der Trennung belastet. Sie als Kind hätte gern die beiden Eltern zusammen und gibt ihrer Mutter die Schuld an der Trennung. Marion bleibt die Luft weg, weil sie betroffen ist.

Zunächst einmal der weitere Verlauf, wenn Marion Amelie auf die gleiche Ebene zu ziehen versucht, also nicht von „groß" zu „klein" weiterspricht:

Marion erklärt Amelie, warum sie sich von Rolf getrennt hat. Sie legt ihr all die Gründe dar, warum es für sie unmöglich war, die Ehe aufrechtzuerhalten. „Das verstehst du doch?" fragt sie Amelie eindringlich. Doch Amelie sitzt bockig in ihrem Bett. „Nein, das verstehe ich nicht", murrt Amelie.

Marion fängt an, die Nerven zu verlieren. Es gab doch wirklich triftige Gründe für die Trennung. Sie versucht es noch einmal Schritt für Schritt zu erläutern. Amelie fällt ihr ins Wort: „Das ist doch alles kein Grund. Du warst manchmal auch ungerecht zum Papa!"

Marion argumentiert und rechtfertigt sich. Langsam regt sie sich auf. Ihr bockiges Kind muss das doch einsehen! Amelie hält dagegen und widerspricht. So geht es eine Weile hin und her. Zum Schluss fließen bei Amelie die Tränen und Marion ist mit den Nerven am Ende, ebenfalls den Tränen nahe.

Für Amelie ist das eine zusätzliche Belastung. Für sie ist es wichtig, dass ihre Mutter „groß" bleibt, als Erwachsene handelt und ihr Halt gibt. Denn wenn Amelie spürt, dass ihre Mutter von ihr Verständnis erwartet oder sich von Schuldgefühlen auffressen lässt, muss Amelie in die Rolle der Großen schlüpfen. Am Schluss muss dann Amelie vielleicht auch noch ihre Mutter trösten. Das ist zuviel für ein Kind!

Natürlich hat Marion Schuldgefühle wegen der Trennung. Sie macht sich Vorwürfe, dass sie die Trennung nicht verhindern konnte und dass Amelie jetzt darunter leidet. Dieses Schuldgefühl muss sie aushalten. Sie kann von ihrem Kind keine Absolution oder Ent-Schuldigung bekommen. Schon die Frage danach ist eine Belastung für Amelie.

Marion hat um das Verständnis von Amelie gerungen. Damit überfordert sie ihr Kind. Amelie möchte als Kind beide Eltern und nichts verstehen müssen. Mit dem Wunsch, verstanden zu werden, will die Mutter dem Kind einen Teil der Last des Entschlusses zur Scheidung aufbürden. Weil Amelie ihr dieses Verständnis nicht gibt und als

Kind auch nicht geben kann, fühlt Marion sich angegriffen und geht in Verteidigungshaltung.

Wie könnte die gleiche Szene aussehen, wenn Marion innerlich „groß" bleibt?

Als Marion Amelie zu Bett bringt, platzt sie heraus: „Ich finde dich doof, weil du dich vom Papa scheiden hast lassen."

Marion bleibt einen Moment die Luft weg. Dann sammelt sie sich und setzt sich auf den Bettrand. Ruhig meint sie zu Amelie: „Ich kann mir vorstellen, wie es dir geht. Wahrscheinlich ganz schlimm. Es ist für Kinder immer doof, wenn sich die Eltern trennen." Amelie will darauf nicht eingehen. Sie fängt an zu bitten: „Vielleicht könntest du dich doch wieder mit ihm verstehen. Du hast doch auch Schuld. Du warst manchmal auch ungerecht zu ihm."

„Sicherlich haben wir beide Schuld", meint Marion. „Aber das ist eine Sache zwischen Papa und mir. Wir machen das miteinander aus und wir haben beschlossen, dass wir nicht mehr zusammensein wollen und uns deshalb scheiden lassen. Aber wir sind ja weiter beide deine Eltern."

Damit ist Amelie nicht zufrieden und sie schaut sehr unglücklich, aber Marion beschließt das Gespräch.

Marion nimmt den Schmerz wahr, den Amelie fühlt. Sie weiß, dass es sehr schlimm für ihr Kind ist, dass die Eltern sich getrennt haben. Aber mit der Entscheidung hat sie das Beste getan, was ihr möglich war. Sie steht dazu und zu den Folgen.

Für Amelie ist es wichtig, dass sie der Mutter auch ihren Schmerz und ihre Trauer zeigen darf, und dass diese Gefühle ihr nicht weggeredet werden. Als Erwachsene weiß Marion, dass Schmerz und Trauer dazugehören und dass sie Teil der Trennung sind. Amelie hat ein Recht darauf. Marion muss auch den Schmerz ihrer Tochter aushalten. Sie kann Amelie dann trösten und mit ihr fühlen.

Eine Folge ihrer Entscheidung sich scheiden zu lassen ist, dass Amelie sie zu Beginn des Gesprächs doof findet. Sie, die Mutter, bleibt „groß" und muss nicht verstanden werden. Amelie muss es nicht gut finden.

Marion hält diese Spannung aus. Sie wehrt dieses Gefühl nicht ab oder sucht für sich Rechtfertigungen. So kann sie für Amelie da sein und sie verstehen.

Weiterhin macht Marion Amelie klar, dass die Trennung die Sache der Eltern ist. Das ist die Paarebene, und hier lassen die Eltern nicht zu, dass ein Kind sich einmischt.

Sichtbar wird bei diesem Beispiel, dass das „Groß-sein" der Eltern keine Wundermedizin ist, um ständig Harmonie und Frieden in einer Familie zu erhalten. Konflikte und Schwierigkeiten gibt es nach wie vor. Aber sie werden so ausgetragen, dass das Kind nicht zusätzlich belastet wird.

Für Kinder bricht eine Welt zusammen, wenn die Eltern sich trennen. Sie fühlen sich mit ihren Eltern verbunden und von ihnen abhängig. Plötzlich ist der Vater oder die Mutter nicht mehr da. Die Kinder verstehen die Welt nicht mehr. Sie versuchen es zu begreifen und zu ergründen. Sie suchen das „Warum". Oft fragen die Kinder sich, ob sie nicht schuldig an der Trennung sind. Wären sie nur folgsamer gewesen, hätten sie sich mehr Mühe gegeben, dann wären Mama und Papa sicher zusammengeblieben.

Ein 8-jähriges „Scheidungs-Kind" meinte einmal zu dem Thema: „Kinder finden Scheidung immer Scheiße". Denn der Vater ist sauer auf die Mutter und die Mutter ist sauer auf den Vater und die Kinder stehen dazwischen. Sie fühlen sich während und auch nach einer Trennung zwischen den Elternteilen zerrissen. Sie spüren, dass sie sowohl zur Mutter als auch zum Vater gehören, aber nur bei einem sein können.

Wenn Kinder älter sind, etwa ab der Pubertät, können sie manchmal die Trennung intellektuell nachvollziehen. Sie haben vielleicht die ewigen Streitereien zwischen den Eltern erlebt, und sehen nun, dass Frieden eingekehrt ist. Aber trotzdem ist der Schmerz riesengroß.

Eine Freundin erzählte uns, dass sich ihre Eltern erst getrennt hatten, als sie schon zwanzig war. Sie studierte zu dieser Zeit in einer anderen Stadt Sport und hatte selbst schon eine Beziehung. Ihre Mutter informierte sie über die Trennung. Es gab keine Kämpfe. Die Eltern hatten sich seit langem auseinandergelebt und beschlossen, sich nun zu trennen.

Obwohl unsere Freundin die Gründe der Trennung nachvollziehen konnte, und auch weiterhin guten Kontakt zu ihren Eltern hatte, verfiel sie in Depressionen. Nach einiger Zeit entwickelte sie eine Körperblockade. Sportlich ging nichts mehr. Für einige Zeit konnte sie deshalb ihr Sportstudium nicht weiterführen.

Richard und Vera lassen sich scheiden. Die Eltern geben sich alle Mühe, dass ihre 7-jährige Tochter Pia nicht in die Auseinandersetzungen hineingezogen wird. Pia soll möglichst wenig darunter leiden. Deshalb beschließen Richard und Vera, Pia entscheiden zu lassen, bei welchem Elternteil sie zukünftig wohnen will.

Ein Kind kommt zur Hälfte von der Mutter und zur Hälfte vom Vater. Es gehört – im Ursprung! – zu beiden in gleichem Maß. Und: Kinder lieben beide in gleichem Maße! Eine Entscheidung zwischen Vater und Mutter ist für ein Kind unmöglich.

Die 7-jährige Pia ist mit dieser Entscheidung, die sie treffen soll, überfordert. Sie fühlt sich mit beiden Eltern verbunden. Sie möchte beide zusammen behalten.

Denn wenn Pia sich entscheidet, bei der Mutter zu leben, verliert sie automatisch die Möglichkeit beim Vater zu leben – und wenn sie beim Vater leben möchte, verliert sie ein Stück von der Mutter. Das heißt ganz egal wie Pia sich entscheidet, sie entscheidet sich immer gegen jemanden, den sie liebt und mit dem sie stark und tief verbunden ist. Wenn sie sich entscheiden soll, erlebt sie in sich ein unlösbares Dilemma.

Die Eltern wollen Pia die Entscheidung überlassen. Damit versuchen sie, sich selbst ein Stück zu entlasten. Aber sie bürden damit dem Kind eine Last auf, die zu viel für es ist. Erst wenn Pia älter ist – ein entscheidender Zeitpunkt ist die Pubertät –, kann sie mitentscheiden, wenn es die Eltern für richtig befinden.

Bert Hellinger hat zu den Folgen eines solchen Dilemmas wichtige Beobachtungen gemacht. Manche Erwachsene haben große Schwierigkeiten, sich zu entscheiden. Selbst bei kleinen Entscheidungen sind sie unschlüssig, suchen Argumente und verwerfen sie wieder und finden zu keiner Lösung.

Solche Erwachsene standen als Kind oft vor dem Zwang, sich zwischen Vater und Mutter entscheiden zu müssen. (Diese Zwangslage ist auch in einer bestehenden Ehe möglich, ohne dass es zu einer Scheidung gekommen ist.) Sich zwischen Vater und Mutter zu entscheiden, ist für ein Kind unmöglich. Jede noch so kleine Entscheidungssituation ruft die alte kindliche Not wieder wach.

Es liegt an den Eltern, die schlimme Situation für ihr Kind nicht noch schlimmer zu machen. Für ein Kind ist es wichtig, sich nicht zwischen den Elternteilen entscheiden zu müssen. Es ist und bleibt das Kind von Mutter und Vater. Das ist ein großer Schritt für Eltern, um als Erwachsene zum Wohl ihres Kindes zu handeln: dem Kind auch den ehemaligen Partner als Elternteil zu lassen.

Kinder sind keine Verbündeten

Sibille und Peter haben sich in „gutem Einvernehmen" getrennt. Sogar die Kinder haben sie aufgeteilt. Jannis, 16 Jahre, lebt bei seinem Vater und Alice, 15 Jahre, lebt bei ihrer Mutter. Oberflächlich ist alles ganz harmonisch abgelaufen, ohne große Streitereien. Doch unter dieser Oberfläche brodelt es. Peter hat eine Riesenwut, dass Sibille schon während der Ehe einen Freund hatte. Und Sibille findet, die neue Beziehung ist ihr gutes Recht, weil für Peter ja die Arbeit das Höchste war. Und am Schluss hat er sie bei einer Auseinandersetzung sogar einmal geschlagen. Das wird sie ihm nie verzeihen!

Sibille erzählt immer wieder von den üblen Seiten ihres Vaters, was für ein brutaler Kerl er im Grunde ist und schon immer war und dass er deshalb schuld ist an der Trennung. Alice stimmt ihrer Mutter zu. Sie überlegt sich schon, wie sie es dem Vater an Stelle der Mutter heimzahlen kann. Sie müsste viel fieser zu ihm sein, wenn sie ihn mal sieht. Oder ihn vielleicht richtig ausnehmen?

Alice trifft Bruder Jannis immer in der Schule. Einmal erzählt sie Jannis, was Mutter ihr so vom Vater erzählt hat. Jannis ist betroffen und am Abend fragt er seinen Vater. Peter ist außer sich: „Typisch Sibille! Ich gehe jeden Tag ins Büro, bringe so viel Geld nach Hause, dass sie es sich leisten kann, sich auf die faule Haut zu legen. Und dann lernt sie auf so einem Kreativ-Seminar diesen Typen kennen und lässt mich und euch einfach im Stich. Diese verantwortungslose und egoistische Zicke!"

Jannis bekommt eine Wut auf seine Mutter. Am nächsten Tag in der Schule erzählt er Alice, was Vater gesagt hat. Alice verteidigt die Mutter. Jannis den Vater. Wutentbrannt geht jeder in seine Klasse. Alice sagt den nächsten Besuch bei ihrem Vater ab und Jannis den bei seiner Mutter.

Die Fronten verhärten sich zusehends.

Klaus und Sibille haben noch eine Riesenwut aufeinander. Jetzt fangen sie an, ihre Kinder als Bundesgenossen auf die jeweilige Seite zu ziehen, indem sie ihren Kindern „Interna" aus ihrem Paarleben erzählen. Oft geschieht so etwas unter dem „Deckmantel" der Partnerschaftlichkeit und Offenheit. Im Grunde jedoch werden Jannis und Alice von ihren Eltern als Verbündete missbraucht.

Wenn ein Kind der Verbündete eines Elternteils wird, wird es automatisch der Gegner des anderen Elternteils. So wird Jannis zum Gegner der Mutter und Alice zur Gegnerin des Vaters. Beide fangen an, den Zorn der Eltern zu teilen. Kein Wunder, wenn Jannis im Laufe der Zeit eine Verachtung für Frauen und Alice das gleiche Gefühl für Männer entwickelt!

Kinder sind jedoch aus dem Streit der Erwachsenen herauszuhalten. Denn sonst verlieren sie innerlich ein Elternteil. Wenn Eltern Kinder zu Mitkämpfern im Ehe- oder Scheidungsstreit heranziehen, schaden sie ihrem Kind. Sie finden zwar Unterstützung und Trost bei dem Kind und entlasten sich so. Belastet wird dafür das Kind!

Dieser Loyalitätskonflikt tritt immer auf, wenn die Mutter über den Vater schimpft und der Vater über die Mutter. Wie soll ein Kind sich da verhalten? Es liebt doch beide!

Ein Kind leidet unter der Spannung zwischen seiner Mutter und seinem Vater. Und wenn die Mutter wütend auf den Vater ist, und das Kind zeigt, dass es den Vater weiterhin liebt, dann bekommt es unweigerlich auch die Wut der Mutter zu spüren. Aus Angst, ihre Liebe zu verlieren, verleugnet es den Vater. Das kann sich darin zeigen, dass das Kind seinen Vater nicht mehr besuchen will oder dass es auf ihn schimpft. Hält es zur Mutter, muss es auf den Vater schimpfen. Bleibt es dem Vater treu, ist es der

Mutter gegenüber illoyal. Dieses Dilemma hält kein Kind aus. In einem solchen Konflikt gibt es für ein Kind keine gute Lösung. Was es auch macht, es fühlt sich schlecht.

Renate und Christian haben einen Sohn Florian. Schon drei Jahre nach der Geburt trennte sich Renate dann von Christian, der sich allmählich zum Alkoholiker entwickelt hatte.

Nach der Trennung bezahlte Christian nur in unregelmäßigen Abständen Alimente. Von seinem Sohn Florian zog sich Christian ganz zurück.

Renate hat auf ihren Ex-Mann Christian immer noch einen großen Zorn. Von Männern hat sie die Nase voll. Mit aller Liebe kümmert sie sich um Florian.

Der dreizehnjährige Florian liebt seine Mutter abgöttisch. Was sein Vater ihr angetan hat, findet er abscheulich. Renate ist sich sicher, Florian wird einmal ein besserer Mann werden als sein Vater!

Wenn ein Mann seine Frau oder eine Frau ihren Mann ablehnt, dann ist häufig im Hintergrund eine generelle Ablehnung des anderen Geschlechts. Der Mann hält dann wenig von Frauen und die Frau hält wenig von Männern.

Wenn ein Mann seine Verantwortung als Vater nicht trägt, ist das auch oft der Grund, dass die Frau ihn nicht achtet. In Aufstellungen zeigt sich oft, dass diese Missachtung von Männern schon vor der Trennung bestanden hatte. Wenn in der Familie der Frau schon immer Männer verachtet wurden, fällt es einer Frau äußerst schwer, den Mann und Vater ihres Kindes zu achten. Männer, die diese Missachtung spüren, ziehen sich innerlich zurück. Der Mann, der sich nicht geachtet fühlt, rächt sich dann oft an der Frau, z. B. indem er keine Alimente zahlt oder das Kind im Stich lässt.

Renate hält nicht viel von Männern. Ihr Sohn Florian spürt das. In seinem Inneren ist ihm klar, dass auch bei ihm die Mutter das Männliche, das ihn mit seinem Vater verbindet, ablehnt. An der Oberfläche tut er alles, um seiner geliebten Mutter zu beweisen, dass er ein besserer Mann ist als sein Vater. In seinem Inneren ist ihm klar, dass das nicht stimmt und dass er das nie erreichen kann. Und insgeheim wird er zornig auf seine Mutter.

Der Soziologe und Sexualwissenschaftler Gerhard Amendt beschreibt unter dem Titel „Die Rache der Muttersöhne", wie selbst in manchen äußerlich intakten Familien die väterliche Autorität verloren gegangen ist.

„Die Autorität des Vaters schafft Kindern erst jene Freiheit, die ihnen den Weg ins außerfamiliäre Leben möglich macht. Kinder brauchen einen Vater zum Streiten, zum gefühlvollen Abgrenzen, eben zum Erwachsenwerden. Je heftiger die Kritik des Feminismus an der modernen Männlichkeit wird, desto wichtiger werden die kleinen Männer, die Söhne also, für ihre Mütter. Sie werden zur Quelle lebenslanger Sinnstiftung. Da die großen Männer die Sehnsüchte der Frauen nicht erfüllen, wollen die Mütter ihre Söhne zu idealen Männern modellieren, zu Märchenprinzen."

Florian ist ein solcher Märchenprinz. Wer aufwächst wie Florian, geht überwiegend in seinem späteren Leben in zwei Richtungen. Entweder er revoltiert irgendwann – in der Pubertät oder auch später – gegen die Mutter und verhält sich ähnlich wie der Vater. Möglicherweise trinkt Florian als Heranwachsender dann zwar keinen Alkohol, aber dafür nimmt er Kokain. Das Rauschmittel ist anders, die Benebelung, das Entweichen aus der Realität, ist ähnlich.

Oder er enthält sich der Drogen, bleibt auf gewisse Art besser als der Vater. Aber der unterdrückte Zorn auf Frauen wird es ihm nicht erlauben, eine gute, erfüllende Beziehung zu führen. Auf seine Art muss er es den Frauen heimzahlen, was dem Vater angetan wurde.

Ein Kind ist dann aus den Auseinandersetzungen der Eltern herausgehalten, wenn beide im Kind auch den Partner achten können. Wenn Renate in ihrem Sohn Florian den Vater Christian achtet, dann fühlt Florian auch das Männliche in sich geachtet.

Wie das Beispiel deutlich macht, berührt die fehlende Achtung etwas Elementares in Renate. Die Achtung ist nichts, was sie einfach durch eine Willensanstrengung erreichen kann.

Wie Familienaufstellungen immer wieder zeigen, entsteht ein solcher Zorn auf Männer wie bei Renate nicht nur durch die Erfahrungen des eigenen Lebens. In diesem Zorn ist sie ihrer Mutter ähnlich und den Frauen hinter ihrer Mutter. Sie trägt mit und ist verbunden. Eine solche Verbundenheit ist sehr kraftvoll und mächtig. Hier etwas zu ändern oder aufzulösen, erfordert eine grundlegende Auseinandersetzung mit sich, ihrem Leben und ihrer Familie.

Erst dann ist es Renate möglich, Florian ganz und gar als Kind auch von Christian zu sehen. Ein Satz in Aufstellungen, der das auf den Punkt bringt ist: „Wenn du so wirst wie dein/e Vater/Mutter, stimme ich zu." Oder eine andre wichtige Aussage: „Ich achte deinen Vater in dir."

Damit kann sich das Kind entspannen. Es muss nicht anders oder besser werden als Vater oder Mutter. Es muss sich nicht entscheiden. Es darf so sein wie seine Eltern.

Auch wenn die Liebe später vorbei ist, so war doch oft ein Kind Zeichen oder Frucht einer einmal bestandenen Liebe. Es ist gut, sich später daran zu erinnern. Dann fällt einem die Achtung des anderen im Kind leichter.

Wer geht vor? Der neue Partner oder das Kind?

Seit kurzer Zeit ist Angelika geschieden und erzieht ihre beiden Kinder, den sechsjährigen Nils und die dreijährige Johanna, allein. Beim letzten Betriebsfest lernte sie Markus kennen. Sie schwebt auf rosaroten Wolken.

Markus und Angelika treffen sich oft abends in Angelikas Wohnung. So auch heute Abend. Angelika ist schon ganz angespannt. Hoffentlich benehmen sich heute die Kinder einigermaßen. Nicht dass es wieder so stressig wird wie beim letzten Mal!

Es klingelt, und Markus kommt. Johanna freut sich, sie findet Markus nett. Nils findet ihn blöd. Nach einiger Zeit bringt Angelika die Kinder zu Bett. Das heißt Zähneputzen, Schlafanzug anziehen, Gute-Nacht-Geschichte, das allabendliche „Kinderprogramm", während Markus geduldig in der Küche sitzt und auf sie wartet. Doch auch danach gibt es keine Ruhe. Immer wieder muss sie ins Kinderzimmer gehen und Nils und Johanna zur Ruhe ermahnen.

Angelika ist genervt. Sie wollte sich mit Markus einen schönen Abend machen, und jetzt ist sie ständig von den Kindern in Beschlag genommen. Auch Markus wird langsam ungeduldig. Als wieder laute Streitereien aus dem Kinderzimmer kommen, stürmt sie in das Kinderzimmer und schreit: „Verdammt, gebt endlich Ruhe. Ich habe auch ein Recht auf Privatleben. Ich bin nicht nur Mama, ich bin auch Frau!"

Verdutzt verstummen die Kinder. Als Angelika wieder in die Küche geht, bekommt sie ein schlechtes Gewissen. Sie weiß doch, wie sehr Johanna und Nils unter der Trennung leiden. Und jetzt ist sie so eklig zu den beiden. Nun kommt auch noch Johanna weinend aus dem Kinderzimmer und klettert ihr auf den Schoß.

Markus verdreht die Augen nach oben. Ihm reicht es langsam. Er mag nicht immer zurückstehen. Angelika soll endlich mal entscheiden, was sie will!

Angelika fühlt sich zwischen zwei Stühlen sitzen. Auf der einen Seite möchte sie für die Kinder da sein und auf der anderen Seite für Markus Zeit haben.

Angelika steht in dem Dilemma, in das jeder kommt, der allein für seine kleinen Kinder sorgt, sich aber einen neuen Partner wünscht und sucht. Da gibt es die Bedürfnisse als Frau oder Mann nach Partnerschaft, gleichzeitig nimmt die Sorge für die Kinder viel der Kraft und Zeit in Anspruch. Wie dieses Dilemma lösen? Wo die Prioritäten setzen?

Die gute Ordnung in einer „klassischen" Ehe bzw. Partnerschaft, bei der ein Paar gemeinsame Kinder hat, ist die, dass der Mann für die Frau und die Frau für den Mann an erster Stelle kommen. Aus dieser Verbindung kommt die Kraft für die Kinder, die danach an zweiter Stelle kommen. Wie ist das bei Angelika? Wer kommt da zuerst?

Wenn Kinder, wie hier Johanna und Nils, aus einer früheren Beziehung da sind, kommen diese Kinder für Angelika an erster Stelle. Der neue Mann kommt erst danach.

Der Vorrang nach Plätzen hat nichts mit äußerem Verhalten zu tun. Nicht etwa, dass eine alleinerziehende Mutter sich deshalb von den Kindern kommandieren oder sich ihre neue Beziehung vorschreiben ließe. Wenn sie einen neuen Partner nimmt, handelt sie auf der Paarebene – und die geht die Kinder nichts an. Es ist ein inneres Wissen, wer grundsätzlich zuerst kommt und Vorrang hat.

Oft ist es so, dass neue Partner diesen Vorrang der leiblichen Kinder nicht achten, sie würden gern die erste Stelle einnehmen. Markus würde gern für Angelika wichtiger sein als ihre Kinder. Wird diese Ordnung nicht beachtet, ist jedoch unlösbarer Unfrieden vorprogrammiert.

Denn wenn der neue Mann die erste Stelle bei der Frau einnehmen will oder soll, spüren das die Kinder wie hier Johanna und Nils. Sie bekommen Angst, fühlen sich von ihrem Platz verdrängt und revoltieren gegen den neuen Partner.

Es ist immer eine besondere Schwierigkeit für die Nachfolger und Nachfolgerinnen, wenn der neue Partner bereits ein Kind hat. Aber erst wenn diese Ordnung respektiert wird, können die Beteiligten sich entspannen.

So erzählte einer unserer Seminarteilnehmer:

Die neue Freundin hatte einen vierjährigen Sohn. Der Mann war sich darüber klar, dass er dem Kind nachgeordnet war und dass er ihm – grundsätzlich – seinen Platz nicht streitig machen wollte.

Der Sohn war von Beginn an nicht eifersüchtig auf ihn. Auch wenn der Mann zum Übernachten kam und den Sohn aus seinem Platz im Schlafzimmer verdrängte, kam es nur kurz zu Ärger, aber nicht zu einer grundsätzlichen Ablehnung durch das Kind.

Dank der inneren Haltung des Mannes blieb der Sohn entspannt und freundlich, selbst wenn er einmal kurz den Platz räumen musste. Es gab keinen grundsätzlichen Konflikt, sondern nur viel Sympathie.

Wenn dann später ein eigenes gemeinsames Kind mit dem neuen Partner zur Welt kommt, dann ist bei diesem Kind der Vorrang der Eltern füreinander gegeben. Dazu kommt die besonders starke Bindung für das Paar durch ein eigenes Kind. Deshalb entsteht oft bei einer neuen Partnerschaft der Wunsch nach einem gemeinsamen Kind.

Wenn die Ordnungen verwirrt werden, ist das für alle Beteiligten belastend und aufreibend.

Hier ein Beispiel aus einer Elternzeitschrift: Eine 14-Jährige fragt um Rat, weil sie die neue Freundin des geschiedenen Vaters nicht mag. Sie glaubt außerdem, dass die neue Freundin eifersüchtig ist und sich zwischen sie und ihren Vater stellen will.

Die Antwort der Erziehungsexpertin: „Aber auch für die Freundin Deines Vaters ist es bestimmt nicht leicht, ihn mit einer vierzehnjährigen Tochter zu teilen. Ich kann mir gut vorstellen, dass Ihr beide Angst habt, nicht mehr die Nummer eins zu sein." Weiter vermutet sie, dass auch der Vater schon gemerkt haben wird, „dass mit ‚seinen Frauen' etwas nicht stimmt."

Hier werden Paar- und Eltern-Kind-Ebene auf eine schlimme Art vermischt. Die Vierzehnjährige wird durch die Antwort fast in die Rolle der Frau und Partnerin gedrängt statt in die Rolle des Kindes. Auf diese Weise wird sie sozusagen ermächtigt, sich in das Beziehungsleben des Vaters einzumischen, obwohl es sie nichts angeht.

Von guten und bösen Stiefeltern

Klaus lebt mit seinem Sohn Nico seit zwei Jahren allein. Nicos Mutter Elke hat sich während ihres Studiums von Klaus getrennt. Sie wollte ihre eigenen Wege gehen und Nico blieb bei seinem Vater. Klaus war damals sehr verletzt und meidet seither den Kontakt mit Elke. Nico verbringt oft die Wochenenden bei seiner Mutter und auch während der Kindergartenferien ist er bei ihr.

Dann lernt Klaus die neunzehnjährige Marita kennen und nach einiger Zeit ziehen sie zusammen. Marita ist ganz hingerissen vom fünfjährigen Nico. „So ein süßer kleiner Junge! Wie konnte diese Rabenmutter ihn nur verlassen", geht es Marita durch den Kopf. Marita engagiert sich voll für Nico. Sie will ihm eine „richtige" Mutter sein, besser als die wirkliche, die ihn ja immer nur kurz sieht. Doch je mehr sie sich anstrengt, desto abweisender wird Nico.

Das gespannte Verhältnis zwischen Nico und Marita belastet auch die Beziehung zwischen ihr und Klaus. Marita muss sich außerdem immer wieder sehr um Klaus bemühen. Er ist immer noch misstrauisch und zieht sich schnell zurück.

"Ich bin eben noch ein bisschen vorsichtig – wegen damals mit Elke. Gebranntes Kind scheut das Feuer", meint Klaus zu ihr. "Diese blöde Kuh!" schimpft Marita. "Die hat dich einfach nicht verdient. Eine richtige Hexe hast du damals erwischt. Wie konntest du nur auf die reinfallen!" Da nickt Klaus, schimpft mit und ist getröstet.

Trotzdem steigen die Spannungen zwischen den dreien langsam an.

Klaus und Marita lieben sich und leben zusammen. Sie nehmen aufeinander Rücksicht und geben sich alle Mühe, als Paar harmonisch zusammenzuleben. Klaus liebt seinen Sohn Nico und auch Marita hat ihn in ihr Herz geschlossen. Auch für ihn wollen beide das Beste.

Warum haben sie trotzdem solche Schwierigkeiten? An ihrem guten Willen kann es ja nicht liegen! Ist Marita vielleicht zu jung? Oder ist Klaus von der Beziehung mit Elke so schwer geschädigt, dass er eine neue Beziehung erst einmal vergessen kann? Ist es ein unheilvoller Einfluss von Elke auf Nico? Oder was sonst?

Außer unseren persönlichen Fehlern und Schwächen, die natürlich immer für Konfliktstoff in einer Beziehung sorgen, gibt es andere wichtige Ursachen, die Spannungen erzeugen. Diese kommen aus der Unordnung im Familiensystem. Fragen dabei sind: Wer sind Vater und Mutter? Wer sind die Kinder? Was ist die Ebene des Paares? Wer kommt bei Partnern zuerst und wer kommt danach? Es gibt bestimmte Ordnungen, die bei der Beantwortung der Fragen zu beachten sind.

Bei Klaus und Marita herrscht eine große Unordnung. Mehrere wichtige Gründe für Unfrieden kommen hier zusammen.

Marita ist sehr in Klaus verliebt. Er ist ihr erster ernsthafter Freund und es schmerzt sie insgeheim, dass sie nur die zweite bei ihm ist. Sie wäre so gern die erste Frau von Klaus gewesen! Da gibt es immer die andere, die schon vor ihr da war. Das tut ihr weh, auch wenn sie es nicht zugibt.

Ja, Klaus hat sogar ein Kind von der ersten Frau! Und so kann Klaus den Kontakt mit Elke nicht ganz abbrechen. Für Marita ist ihre Vorgängerin Elke oft irgendwo unsichtbar mit im Raum.

Kein Wunder, dass Marita auf Elke böse ist. Wenn nur Elke nicht gewesen wäre! Marita träumt manchmal davon, wie es gewesen wäre, wenn . . .

Aus ihrer Enttäuschung heraus schimpft Marita auf Elke, und Klaus stimmt zu. Aber mit dem Schimpfen auf die frühere Partnerin begibt Marita sich aufs Glatteis – und Klaus schlittert mit.

Wenn Marita die frühere Frau von Klaus kritisiert, mischt sie sich in etwas ein, was sie nichts angeht. Sie weiß nicht in Wirklichkeit, was zwischen den beiden abgelaufen ist. Sie kann nicht einschätzen, welchen Teil Elke und welchen Teil Klaus an der Trennung hatte.

Mit der Kritik gibt Marita vor, Elke überlegen zu sein. „Ich bin ganz anders als Elke und ich mache es viel besser." Ist sie wirklich besser? Wer kann sagen, ob es ihr nicht selbst im weiteren Verlauf genauso gehen wird wie Elke und sie sich ähnlich verhalten wird wie diese. Vielleicht sitzt sie selbst als Verflossene von Klaus eines Tages im Café mit Elke zusammen und beide kommen darauf, wie ähnlich es ihnen ergangen ist.

Außerdem: Wenn Marita auf Elke schimpft, schimpft sie indirekt auch auf Klaus. Denn sie wirft ihm vor, dass er falsch gewählt hat. Irgendeinen Grund muss die falsche Wahl ja gehabt haben. Dummheit? Mangelnde Menschenkenntnis? Schwäche?

Auch wenn Klaus mitschimpft, spürt er, dass er von Maritas Schimpfen mitbetroffen ist. Auch Marita wird beim Schimpfen von Klaus auf Elke insgeheim aufpassen. Denn wenn Klaus heute Elke, die Partnerin von gestern missachtet, dann weiß sie, dass sie selbst morgen das gleiche Schicksal erleiden kann. Dann wird Klaus vielleicht über sie schimpfen.

So ist das Schimpfen von Klaus und Marita auf Elke doppelbödig und gefährlich. Auf der Oberfläche fühlen sie sich einig. Im Untergrund entstehen dadurch Spannungen, die die Beziehung in Zukunft belasten werden.

Doch nicht nur auf der Paarebene gibt es Konfliktstoff, sondern auch auf der Ebene zwischen Eltern und Kind. Warum lehnt Nico nur Marita ab? Sie hat ihn doch in ihr Herz geschlossen und gibt sich alle erdenkliche Mühe.

Marita fühlt sich Elke gegenüber bislang überlegen. Sie fühlt sich als die bessere Mutter und würde sie gern ausbooten. Am liebsten wäre es ihr, wenn es Elke gar nicht gäbe. Besonders gereizt reagiert sie, wenn Nico wieder übers Wochenende zu seiner Mutter geht. „Er hat doch jetzt mich! Was muss er denn immer zu dieser Frau?"

Nico spürt, dass Marita seine Mutter verdrängen will. Er aber ist Elkes Kind und ihr, seiner Mutter treu. Solange Marita gegen seine Mutter ankämpft und sie missachtet, so lange wird Nico rebellisch bleiben.

Was kann Marita nun tun, damit sie und Nico eine bessere Beziehung bekommen? Das geht nur, wenn sie Elke als Nicos Mutter würdigt und achtet. Sie selbst wird Elke nie ersetzen können. Mit dieser inneren Haltung kann sie freundlich sein mit Nico und ihm viel geben. Er kann es dankbar nehmen. Denn er kommt in keinen Zwiespalt. Er verrät damit nicht seine Mutter. Denn diese ist anerkannt.

Die gute Haltung einer zweiten Frau drückt sich in Aufstellungen in dem Satz zum Stiefkind aus: „Für dich ist deine Mutter richtig, ich bin nur die neue Frau deines Vaters."

Der geheime Kummer von Marita, dass sie nur die neue Frau ist, ist jedoch eine Mitursache der Spannungen. Sie hat sich mit diesen Tatsachen noch nicht ganz abgefunden. Deswegen träumt sie so gern, dass sie die erste Frau für Klaus ist. Damit ist der Same für spätere Schwierigkeiten zwischen ihr und Klaus gesät.

Wenn Marita diese Träume aufgibt, spürt sie erst einmal den ganzen Schmerz, den sie bisher unterdrückt hat. Sie schaut den Tatsachen ins Auge und akzeptiert sie. Elke war die erste Frau von Klaus und wird es für immer gewesen sein. Dieser Platz im Leben von Klaus ist ein für allemal vergeben. Marita ist nur die zweite. Elke und Klaus sind zudem die Eltern von Nico und werden so immer über ihr Kind verbunden bleiben. Nicos Mutter ist Elke und wird es immer bleiben.

Wenn Marita diese Fakten anerkennt, und Elke als erste Frau und Mutter von Nico achtet, wird sich etwas in der Beziehung zwischen ihr und Nico entspannen.

Danach steht Marita ein Stückchen mehr auf dem Boden der Realität und ist ein Stück erwachsener geworden. Sie weiß, wenn sie Mutter sein will, muss sie ein eigenes Kind bekommen. Das wird dann ein starkes Band zwischen ihr und Klaus bilden.

Wie kann Marita Elke achten? Achtung ist mehr eine innere Haltung als ein Tun. Wie kommt jemand zu dieser inneren Haltung? Wenn Marita dieses Thema in einer Aufstellung behandelt, dann stellt sich ihre Stellvertreterin vor die Stellvertreterin von Elke. Sie verneigt sich leicht und sagt zu ihr: „Ich achte dich und deinen Platz. Du kamst vor mir und ich komme nach dir. Du bist die erste, ich bin die zweite." Diese Sätze klären und entspannen.

Doch nicht nur Marita muss Elke achten, sondern auch Klaus muss seine frühere Partnerin, die Mutter seines Kindes, achten – wie schon in früheren Kapiteln dargestellt. Nur wenn Elke ihren anerkannten Platz im System bekommt, geht es Nico gut.

Wenn Klaus und Marita auf Dauer ein Paar bleiben, dann wird Marita viel von Mutterpflichten gegenüber Nico übernehmen. Das ist etwas, was sie auch und insbesondere Klaus zuliebe tut. Sie sorgt für sein Kind.

Das ist ein besonderes Geschenk, für das Klaus keinen Ausgleich geben kann. Nimmt er es als Selbstverständlichkeit, dann ist etwas zwischen ihm und Marita nicht in Balance. Beide spüren das. Was er, Klaus, für den Ausgleich tun kann, ist, dieses Geschenk anzuerkennen und Marita dankbar dafür zu sein.

„Ich brauche keinen Mann"

Anna ist 35 und ihre biologische Uhr läuft. Sie will unbedingt noch ein Kind, aber keinen Mann. Wegen eines Kindes muss sie sich ja nicht gleich an einen Mann binden. Väter spielen sowieso eine Nebenrolle, findet sie. Sie will keine Beziehung, sondern ein Kind – und zwar für sich allein!

Deshalb wird sie absichtlich während einer kurzen Affäre mit Dirk schwanger. Hinterher bricht sie schnell den Kontakt mit Dirk ab und erzählt ihm nicht einmal von der Schwangerschaft. Denn wenn sie Unterhalt von Dirk haben wollte, würde er sich nur einmischen wollen.

Als Benni drei Jahre alt ist, fragt er nach seinem Vater. Anna antwortet ihm, „Wir brauchen keinen Papa, wir können das prima allein." Benni wird zusehends stiller ...

Anna hat eine Entscheidung getroffen, die heute mehr und mehr auch in der Öffentlichkeit diskutiert wird. Sicherlich ist die Paarbeziehung überwiegend die Grundlage der Familie. Aber was gilt in den Fällen, in denen jemand wie Anna bewusst und freiwillig allein erzieht? Speziell in dem Fall, in dem die Frau mit dem Vater ihres Kindes keinen Kontakt hat und haben will?

Hilfreich für die Antwort sind die in den vorherigen Kapiteln dargestellten Ordnungen und Gesichtspunkte. Sie kommen hier zusammen und seien noch einmal kurz zusammengefasst.

Jedes Kind hat zwei Elternteile, einen Vater und eine Mutter. Das Band von Vater zu Kind ist auch von Dirk zu Benni entstanden, auch wenn Dirk noch gar nichts von seinem Sohn weiß. Der Vater gehört mit zu dem System, auch wenn er nie in Erscheinung getreten ist. Gerade als Junge ist Benni mit dem Vater durch das Männliche und das spätere Mann-sein verbunden.

Benni weiß das und er fragt sich, wo sein Vater ist. Benni hat ein Recht auf seinen Vater und insbesondere auch das Recht zu wissen, wer sein Vater ist.

Keine Frau kann ohne Mann Mutter und kein Mann ohne Frau Vater werden. In Zeiten der künstlichen Befruchtung tritt diese (bisher immer noch bestehende) Basis der Entstehung eines Kindes im Bewusstsein manchmal in den Hintergrund. Ja selbst, wenn irgendwann einmal das Klonen gelingt und ein Kind nur aus einer Mutter entstünde, so gehören doch alle Männer und Frauen, die bis dahin zur Fortpflanzung beigetragen haben, zu seinen Vorfahren.

Allein durch die biologische Tatsache der Vater- bzw.

Mutterschaft entsteht eine Bindung zwischen den Eltern, ob sie wollen oder nicht. Dirk zählt jetzt als Mann in Annes Leben. Er gehört zu ihrer Gegenwartsfamilie und es entspricht einer guten Ordnung, wenn sie ihm diesen Platz mit Achtung gibt.

Anne kann und will das nicht. Sie schätzt Männer und das Männliche gering. Das spürt auch Benni und es wird sich nicht gut auf ihn und seine spätere Beziehung mit Frauen auswirken. Der Grund, warum Anne Männer nicht achtet, liegt in der Verbindung mit ihrer Familie, mit den Frauen hinter sich. Deswegen hat sie kaum eine andere Wahl als so zu handeln wie sie handelt.

Wenn sie sich jedoch mit der Bürde, die sie trägt (auch wenn sie das gar nicht so empfindet) auseinander setzt, hilft sie Benni. Sie gibt dieses Erbe dann nicht blind an ihr Kind weiter, sondern Benni wird frei von der Last, die Abneigung und den Kampf zwischen Männern und Frauen blind weiterzutragen.

Anregungen: Beziehungen klären

Stellen Sie sich Ihre/n frühere/n PartnerIn vor, mit dem/der Sie ein Kind zusammen haben. Stehen Sie ihm oder ihr gegenüber und dann schauen Sie zu dem Kind, das wie in einem Dreieck zwischen Ihnen beiden steht. Zum Kind sagen Sie:

„Diese Auseinandersetzungen sind die Sache von uns Großen.

Das machen wir Großen unter uns aus.

Ihr seid nur die Kleinen und ihr könnt uns weiter als Eltern haben.

Ich bleibe deine Mutter und dein Vater bleibt dein Vater.

Du musst dich nicht entscheiden."

Um Ihren Platz in einer neuen Beziehung gut einzunehmen, ist es gut, den früheren Partner Ihrer Beziehung zu achten. Stellen Sie sich vor, wie Sie vor der früheren Partnerin Ihres Mannes oder dem früheren Partner Ihrer Frau stehen. Schauen Sie ihn an. Wie schaut er/Sie sie an? Welche Gefühle haben Sie? Stellen Sie sich nun vor wie Sie eine kleine Verneigung vor ihm machen, nur leicht den Kopf senken, so von Frau zu Frau oder von Mann zu Mann. Und sagen:

„Ich achte dich und deinen Platz.

Du kamst vor mir und ich komme nach dir."

Wie schaut der frühere Partner/die früherer Partnerin jetzt? Wie fühlen Sie sich?

Manchmal kann man sich nicht verneigen, oder man spürt, dass man den Satz nicht sagen kann, oder dass er nicht echt ist. Nehmen Sie es einfach wahr.

Kapitel 6

Die Kinder im Netzwerk der Familie

Großes Familienfest bei Möllers. Die Uroma wird 90. Sämtliche Verwandte sind eingeladen. Auch Charlotte mit ihrem Ehemann und ihrem gemeinsamen Sohn, dem fünfjährigen Moritz. Nach der Kaffeetafel kommt die Großcousine ihrer Mutter auf Charlotte zu und sagt: „Also, euer Moritz, ich sag nur, wie der Onkel Beppo seinerzeit. Dieses Gesicht und dieses Temperament, genau wie der Beppo."

Sicher kennt jeder, der Kinder hat, so eine oder eine ähnliche Situation. Da sehen Verwandte Ähnlichkeiten unserer Kinder mit irgendwelchen anderen Verwandten, mit Cousinen, mit Großonkeln oder Großtanten. Auf alten Familienfotos werden plötzlich überraschende Ähnlichkeiten sichtbar.

Doch auch darüber hinaus gibt es wichtige Verbindungen. Nicht nur über die äußerlichen Ähnlichkeiten mit ihren „Altvorderen" sind die Kinder mit den Generationen vor ihnen verbunden, sondern auch noch mit weitaus tieferen, unsichtbaren Ähnlichkeiten.

Jede Familie bildet ein eng verbundenes Geflecht über viele Generationen. Es ist ein System, in dem sich, wie Bert Hellinger entdeckte, bestimmte Gesetzmäßigkeiten finden.

In allen Familien existiert, wie es scheint, das Wissen um eine gute Ordnung. Sie beinhaltet zweierlei:

- Jedes Mitglied der Familie gehört in gleicher Weise dazu und wird geachtet. Ganz gleich, was seine Qualitäten sind und sein Schicksal ist. Ganz gleich, ob es hochbegabt, debil oder normal ist, ganz gleich, ob es behindert ist, früh verstorben ist, verrückt geworden ist oder sich umgebracht hat. Jeder gehört dazu.

- Jedes Mitglied in der Familie hat sein Schicksal zu tragen. Ganz gleich, wie schlimm es im Einzelfall auch ist. Es hat es zu tragen, ganz und gar mit allen Lasten, mit allen Schicksalsschlägen und mit allen Gefühlen. Zu diesem Schicksal gehört auch die persönliche Verantwortung, für all das, was jemand in seinem Leben getan hat. Wenn das jemand tut, ist er „groß".

Doch diese gute Ordnung existiert in Familien bisher selten. Wie die Geschichte jeder Familie zeigt, sind immer wieder Mitglieder ausgeschlossen worden und Mitglieder wollen ihre Verantwortung für ihr Leben und für ihr Handeln nicht sehen und übernehmen. Wenn von Mitgliedern einer Familie gegen die gute Ordnung verstoßen wurde, dann wird das vielleicht vordergründig von den Familienmitgliedern vergessen, aber das Wissen darüber löst sich nicht in Luft auf, sondern es „geistert" im System herum.

Trotzdem besteht weiter ein Bedürfnis – wie ein großer Durst – nach der guten Ordnung in der ganzen Familie. Aus diesem fundamentalen Bedürfnis heraus haben sich so etwas wie „Ersatzordnungen" entwickelt, die für eine Art „Ausgleich" sorgen.

In einer Familie ist es wie bei einem Mobile. Wenn irgendetwas nicht der guten Ordnung entspricht, entsteht ein Ungleichgewicht, das von einem Mitglied einer späteren Generation ausgeglichen wird. Wenn jemand zu Unrecht ausgeschlossen wurde, dann übernimmt jemand dieses Schicksal, indem er ein ähnliches Leben lebt. Wenn jemand seine Verantwortung nicht übernimmt oder Gefühle in seinem Leben unterdrückt, dann übernimmt das später ein Neuankömmling und drückt es statt seiner aus.

Die Neuankömmlinge in einer Familie sind die Kinder. Sie übernehmen diese Energien und fühlen und verhalten sich ähnlich wie ihre Vorfahren. Sie sind mit ihnen „verstrickt", indem sie ihre Haltungen, Gefühle, Schicksale übernehmen. Sie handeln in ihrem eigenen Leben, als wären sie deren Stellvertreter.

Es mag unglaublich für Sie klingen – gerade wenn Sie das erste Mal davon hören. Diese mächtigen Verbindungen existieren aber. Wir erleben sie immer wieder eindrücklich in unserer Arbeit mit Familienaufstellungen. Hier kommen wir in den Bereich, in dem Eltern in erster Linie für sich selbst Verstrickungen auflösen.

Hier folgen einige Beispiele, wie die eigenen Kinder betroffen sein können.

Mamas Liebling

Miriams zweites Kind ist ein Junge namens Paul. Mit ihm verbindet sie ein inniges Band. Sie fühlt sich ihm sehr nahe, fast wie eine große Schwester, und er ist ihr besonderer Liebling.

Als Paul in den Kindergarten gehen soll, gibt es regelmäßig Geschrei. Paul wehrt sich verbissen dagegen, die Mutter zu verlassen und weint täglich jämmerlich. Auch Miriam zerreißt es fast das Herz.

Die Erzieherinnen schlagen vor, Paul wieder aus dem Kindergarten zu nehmen.

Paul mag sich um alles in der Welt nicht von seiner Mutter trennen, obwohl er das vom Alter schon sehr gut könnte. Erst als Miriam sich mit ihrer Familiengeschichte befasst, taucht die Ursache auf.

Miriam war sieben, als ihr Bruder Max im Alter von fünf Jahren an einem Verkehrsunfall starb. Das war ein Schock für die ganze Familie. Später mag keiner mehr darüber reden, es ist für alle zu schmerzhaft.

Ohne dass Miriam es erkennt, nimmt ihr Sohn Paul für sie die Rolle ihres kleinen Bruders ein. Deshalb hat sie auch immer wieder die schwesterlichen Gefühle. Paul vertritt für seine Mutter den früh verstorbenen kleinen Bruder. Deswegen tut es ihr so weh, wenn er sie am Morgen verlässt und in den Kindergarten geht.

Paul spürt das und ist mit dem toten Bruder seiner Mutter, seinem Onkel, verbunden. Er fühlt sich ähnlich wie er und hat deshalb solche Schwierigkeiten, sich von seiner Mutter zu trennen.

Wenn Geschwister früh sterben, hat das immer große Auswirkungen auf die überlebenden Geschwister. Ein solcher folgenreicher früher Tod ist auch der, wenn ein Kind tot geboren wird. Auch ein solches Kind zählt als Geschwister. Jedes Kind, das mit Hilfe überlebensfähig gewesen wäre (also etwa ab dem 5. Monat), gehört zu diesen Kindern und mit seinem Tod bleiben die Geschwister verbunden. Ein später geborenes Kind muss nicht einmal von der Existenz eines toten Geschwisters wissen und trotzdem nimmt es die Wirkungen wahr.

Ein Kind, dessen Bruder oder Schwester gestorben ist, hat wie eine Art Schuldgefühl, dass es lebt. Insgeheim zieht es das Kind zum toten Geschwister. „Ich folge dir nach", ist der Satz, der das am besten ausdrückt. Wenn dieses Kind dann groß geworden ist und später selber Kinder hat, spüren diese den Zug zum Tod von Mutter und Vater. In ihnen entsteht ein Bedürfnis, das dem Elternteil abzunehmen. Der Satz „lieber sterbe ich als du" drückt das gut aus.

Wenn Paul mit seinem Onkel verbunden ist, dann zieht es ihn zum Tod. Das heißt nicht, dass er unbedingt frühzeitig sterben muss, aber seine Lebenskraft ist geschwächt.

Der verlorene Sohn

Seit einiger Zeit haben Christa und Hartmut Probleme mit ihrem Sohn, dem sechzehnjährigen Hannes.

„Wir verstehen es auch nicht", sagt sein Vater. „Hannes war immer so vernünftig. Als viele seiner Kumpels Zigaretten gepafft haben, hat er nicht mitgemacht. Doch seit einem halben Jahr trinkt er Alkohol. Mehr und mehr. Es kommt immer häufiger vor, dass er am Wochenende mit einem Rausch nach Hause kommt. Wir haben schon mit ihm diskutiert, im Ausgehverbot verpasst, ihm mit allem Möglichen zu drohen versucht, aber er zuckt nur mit den Achseln. Auch seine alten Freunde ziehen sich von ihm zurück. Wir wissen nicht mehr, was wir machen sollen. Er lässt sich von uns nicht mehr erreichen."

Hannes zieht sich immer mehr in seine eigene Welt zurück, ohne dass irgendeiner verstehen kann, warum. Auch Hannes selbst versteht es nicht. Er schädigt sich selbst und ist weder einem Rat noch anderen Hilfsangeboten zugänglich.

In der Familie gab es früher schon einmal jemand, der sich ähnlich verhielt. Johann, ein Bruder des Großvaters, fing als Jugendlicher zu trinken an. Er wurde zu Hause hinausgeworfen, war obdachlos und starb dann schon in jungen Jahren. Keiner in der Familie spricht mehr von ihm oder erwähnt seinen Namen.

Schicksale von aus der Familie Ausgeschlossenen wiederholen sich. Kein Mitglied der Familie kann einfach vergessen werden, das lässt die innere Instanz der Familienmitglieder, man könnte auch sagen das „Familiengewissen" nicht zu. Wer wie Johann aus der Familie ausgeschlossen wurde, wird regelmäßig durch ein später geborenes Mitglied vertreten, das sich ein ähnliches Schicksal auferlegt. Es ist so, als ob die ausgeschlossene Person und ihr Schicksal damit wieder ins Bewusstsein der Familie gerückt werden sollte. Selbst Namen weisen bisweilen auf solche Verbindungen hin.

Hannes vertritt seinen Großonkel und ist mit diesem verbunden. Diese Verbindungen mit Vorfahren, mit Tod und Unrecht in der Vergangenheit erklären, warum ein Kind oder Jugendlicher ohne einen von außen ersichtlichen Grund sich so verhält, dass er andere oder sich selbst schädigt. Die Folgen reichen von Gewalt gegen andere, Straftaten über gefährlichen exzessiven Drogengebrauch bis hin zum Selbstmord.

Papas Liebling

Claudia und Thomas haben drei Kinder: Antonia mit 10 Jahren, Felix mit 7 Jahren und Lea mit 5 Jahren. Der Vater hat ein besonders inniges Verhältnis zu Antonia. Seine Kinder Felix und Lea beschweren sich oft, dass er Antonia vorzieht und „sie lieber mag". Auch untereinander streiten sich die Geschwister oft.

Mit ihrer Mutter hat Antonia ein angespanntes Verhältnis. Antonia ist oft aufsässig und widerspricht ihrer Mutter permanent.

Antonia ist eindeutig der Liebling ihres Vaters Thomas. Als Lieblingskind hat sie einen besonders engen, vertrauten Kontakt zu ihm. Ist das nicht schön für beide, wenn Vater und Kind eine derartige innige Beziehung haben? Und wenn die anderen neidisch sind, kann man doch nichts machen!

Aber auch hier vertritt Antonia jemand. Sie zählt mehr als nur ein Kind in dieser Familie. Wie Bert Hellinger herausgefunden hat, zählen auch frühere Lieben und Beziehungen zu den Mitgliedern der Familie. Wenn eine frühere Beziehung unglücklich endete, meist geht es dabei um die erste wichtige Beziehung, geschieht später etwas Verblüffendes und Unerwartetes. Solche ersten Lieben werden regelmäßig später durch ein Kind in der Familie vertreten, die früheren Frauen meist durch eine Lieblingstochter wie hier, die früheren Männer durch einen Sohn.

Thomas hatte, bevor er Claudia heiratete, zwei Jahre lang mit seiner Jugendfreundin Petra zusammengelebt. Als er Claudia kennen lernte, brach er Knall auf Fall die Beziehung zu Petra ab und zog mit Claudia zusammen. Petra blieb sehr verletzt zurück.

Antonia vertritt Petra. Sie nimmt für Thomas ein Stück weit ihre Rolle ein. Deshalb hat Antonia bei ihrem Vater diese exklusive Position. Ein Hauch dieses ehemaligen Liebesverhältnisses ist in der Familie spürbar. Die Tochter ist wie eine kleine Liebe.

Deshalb hält Antonia sich auch für besser als die Mutter. Insgeheim fühlt sich Antonia so, als ob sie die bessere Frau für ihren Vater wäre, ihn besser verstünde und er mit ihr glücklicher wäre. Dadurch verliert Antonia den Zugang zur Mutter und muss andauernd mit ihr rivalisieren. Die Mutter kommt mit ihrer Tochter nicht zurecht und verschließt ihr Herz vor dem Kind.

Was Eltern tun können

Mit den Beispielen dieses Kapitels haben wir das weite Feld dessen betreten, was Familienaufstellungen erforschen. Durch Aufstellungen werden die oben beschriebenen Verbindungen deutlich und sichtbar.

Je mehr Sie als Vater oder Mutter für sich selbst tun, je mehr sie aufräumen, desto unbelasteter werden Ihre Kinder sein.

Dazu gehört einmal der Bereich Ihres persönlichen Lebens. Was ist z. B. mit Ihrem ersten wichtigen Mann bzw. mit Ihrer ersten wichtigen Frau? Oft schließen wir eine solche Beziehung ab, d. h. wir stecken unsere Gefühle in ein Hinterkämmerchen unseres Herzens. Dann drehen wir den Schlüssel an der Tür zu diesem Kämmerchen um und haben mit diesem Menschen „abgeschlossen". Gibt es da noch Unausgesprochenes, Ungeklärtes? (In Kapitel 2 finden Sie Anregungen zum Thema der früheren Beziehungen.)

Wenn Sie Ihre persönliche Geschichte in Ordnung bringen, dann gehört auch dazu, sich mit Verantwortung und Schuld im eigenen Leben auseinander zu setzen. So ist z.B. das Thema Abtreibung wichtig. Wie Aufstellungen zeigen, empfindet das eigene Innere eine Abtreibung immer als Schuld. Deswegen ist es wichtig, sich damit auseinander zu setzen. Wie das getan werden kann, dazu finden Sie mehr Hinweise in der empfohlenen Literatur zu der Arbeit von Bert Hellinger.

Wenn Geschwister früh gestorben sind, geben Sie Ihnen einen Platz bei sich als Geschwister. Denn wenn Sie einen toten Bruder oder eine tote Schwester in Ihr Herz aufnehmen, entspannt sich auch etwas bei Ihren Kindern.

Beginnen Sie zum anderen, sich mit der Geschichte Ihrer Familie zu befassen. Als Vater und Mutter tragen Sie bei vielen Spannungen und Energien aus Ihrer Familiengeschichte mit, ob nach außen sichtbar oder unsichtbar. Oft sind Sie sich dessen nicht bewusst. Die eigenen Kinder sind der Seismograph, das feine Instrument, das die in der Familie herrschenden Spannungen und Energien zeigt.

Ein Bild mag Ihnen das anschaulich machen: Das Leben ist wie ein Fluss. Schicksale und Gefühle in der Familie fließen mit in diesem Fluss. Wenn derjenige, zu dem sie gehören, sie nicht trägt, fließen sie weiter zur nächsten Generation. Wer sie annimmt, behält sie bei sich. Aber wenn die Eltern das, was zu Ihnen aus der Vergangenheit ihrer Familien zu ihnen kommt, nicht annehmen, fließt es weiter zu ihren Kindern. Und gleichzeitig liegt nicht alles in Ihrer Hand und Macht. Ihre Kinder wie Sie werden von diesem großen Fluss getragen.

Erforschen Sie die Familiengeschichte mit den nachstehenden Fragen und spüren Sie nach, wer zu den ausgeschlossenen Personen gehört. Nehmen Sie sie in Ihrem Herzen in die Familie auf, indem Sie die Personen und ihr Schicksal achten.

Das, was Sie hier beginnen, ist das Gebiet der Aufstellungen. Dafür ist diese Methode entwickelt worden und dafür wird sie eingesetzt. Wenn Sie daher an Grenzen stoßen, die Sie allein nicht überschreiten können – in den Aufstellungen finden Sie ein Hilfsmittel.

Anregungen: Die Familiengeschichte erforschen

Zeichnen Sie einen Familienstammbaum (Genogramm), das jeden enthält, der dazu gehört und bei dem besondere Ereignisse vermerkt sind. Die wichtigsten Fakten sind:

Ist jemand sehr früh gestorben? (jünger als 30 – auch Totgeburten zählen)

Gibt es Verbrechen und schwere Schuld in der Familie?

Gibt es frühere Beziehungen der Eltern zu anderen Partnern?

Gibt es schlimme Schicksale, die jemand zum Außenseiter machten wie Behinderung, nicht eheliche Geburt, Aufenthalt in der Psychiatrie oder im Gefängnis, Homosexualität, Auswanderung?

Gibt es schlimme Schicksale wie Selbstmord, schwere Unfälle und Krankheiten?

Wurde jemand adoptiert oder wuchs bei Pflegeeltern auf?

Hat jemand seine Heimat verlassen? Wurde jemand aus seiner Heimat vertrieben?

Hat jemand Eltern aus zwei Nationalitäten?

Kapitel 7

Vom Anfang und Ende:
Kinder werden größer

„Solange die Kinder klein sind, gib ihnen Wurzeln.
Wenn sie größer werden, gib ihnen Flügel."
Indisches Sprichwort

Hans und Sabine haben drei Kinder: Jonas mit 15 Jahren, Lea mit 12 Jahren und Franzi mit 9 Jahren. Hans und Sabine verbringen viel Zeit mit ihren Kindern und sie freuen sich, dass sie eine richtig gute Familie mit vielen Gemeinsamkeiten sind.

Seit einiger Zeit weigert sich jedoch Jonas bei den gemeinsamen Wanderungen und Spieleabenden mitzumachen. Immer wieder gibt es deswegen Krach in der Familie.

Der Familienfrieden kommt ernsthaft in Gefahr, als Jonas sich strikt weigert beim gemeinsamen Urlaub mitzufahren. Vater Hans ist empört.

Jonas ist in einem Alter, in dem er sich ablöst und selbständiger wird. Für die Eltern ist das zunächst einmal schwer anzunehmen. Vater Hans war so stolz, wenn er mit der Familie auf einem der Ausflüge war. Jetzt fühlt er sich von Jonas fast wie im Stich gelassen. Dieser undankbare Bengel!

Es gehört zu den schwierigen Anforderungen an Eltern, langsam ihre Kinder loszulassen, sie groß werden zu lassen und sich selbst von ihnen zu lösen. Hans muss sich daran gewöhnen, dass sein Sohn anfängt, sich aus dem Familienverband zu lösen. Er kann sich dem Prozess entgegenstemmen, dann wird es für Vater und Sohn eine harte Zeit werden. Oder er kann stückchenweise dem Verlangen von Jonas nachgeben. Es wird auch so zu genug Konflikten und Auseinandersetzungen kommen, aber sie werden weniger eskalieren.

In diesem Ablöseprozess kann es für Eltern hilfreich sein, sich in Erinnerung zu rufen, wie sie selbst als Jugendliche/r waren. Wenn Vater und Mutter sich zusammensetzen und daran erinnern: „Wie erwachsen wir uns damals vorkamen! Wie langweilig wir unsere Eltern zu dieser Zeit fanden! Wie heftig es uns weg von der Familie hin zur Clique, zu unseren Freunden zog! Genauso geht es unseren Kindern jetzt." Mit diesem Blick in die eigene Vergangenheit ist es dann möglich, das Kind besser zu verstehen. Dieses Wegstreben aus der Familie gehört mit zum Leben.

In dem Wissen darum könnte Hans zum Beispiel mit seinem Sohn zusammen eine Lösung für das Urlaubsproblem finden und eine Absprache treffen. Vielleicht fährt Jonas dieses Jahr noch in den Familienurlaub mit und nächstes Jahr oder in den nächsten Ferien nimmt er an einer Freizeit für Jugendliche teil. Oder Jonas verbringt die Ferien bei einem befreundeten Paar, in der Familie eines Schulfreundes oder bei Verwandten.

Zwar bleiben die Eltern immer die Eltern des Kindes und das Kind bleibt immer das Kind seiner Eltern. Trotzdem ist das ganze Leben mit Kindern ein einziger Ablöseprozess, angefangen von der Geburt bis über jede neue Lebensphase der Kinder und jedes neue Stadium ihrer Selbständigkeit.

Es gibt natürliche Ablöseprozesse, bei denen die Natur, das jeweilige Alter für einen neuen Schritt sorgt. Falls die Eltern nicht steuernd eingreifen, nabelt sich das Kind zu seiner Zeit, in seinem Rhythmus weiter von den Eltern ab.

Der erste Ablöseprozess ist die Geburt. Dieser Schritt ist so elementar, dass die Mutter nicht eingreifen kann. Das Kind kommt auf die Welt, ob sie will oder nicht. Ein zweiter wichtiger Schritt der Ablösung setzt ein, wenn das Kind sein „Ich" entdeckt. Jetzt nimmt es sich als eigenständigen Menschen, getrennt von der Mutter und dem Vater wahr. Zu dieser Zeit beginnt auch die Trotzphase, die dazu hilft, dieses „Ich" zu klären. Ein solcher natürlicher Schritt ist später dann die Pubertät.

Andere Ablöseprozesse werden von der Gesellschaft initiiert und sind oft rigide, weil sie sich nur nach dem Alter und nicht nach der persönlichen Entwicklung richten. Wenn beispielsweise das Kind sechs Jahre, spätestens sieben Jahre alt ist, wird es eingeschult, egal ob das Kind so weit ist oder nicht.

Immer geht es jedoch bei Ablöseprozessen darum, Abschied zu nehmen.

Wenn Kinder sich ablösen, können Eltern sie nicht festhalten. Mit einem Mal ist das Kind ein Kindergartenkind, ein Schulkind, ist fertig mit der Schule, hat Freunde, die die Eltern kaum kennen, und der Einfluss der Eltern wird schwächer. Eltern machen sich Sorgen, ob ihre Kinder es ohne sie schaffen in der Welt da draußen. Sie haben Bedenken, ob ihre Kinder sich „richtig" verhalten und sie hoffen, dass ihnen nichts Schlimmes passiert.

Sie haben Herzklopfen, wenn das Kind das erste Mal alleine zu einer Freundin geht oder sich alleine auf den Schulweg macht. Sie machen sich Sorgen, wenn es älter geworden das erste Mal allein auf eine Freizeit oder zu einem Schüleraustausch fährt. Das alles sind Meilensteine im Leben des Kindes – und im Leben der Eltern. Denn jedes Mal müssen sie ein Stück mehr loslassen und dem Kind und ihrer Erziehung vertrauen.

„Wir müssen zurücktreten, dem Kind Raum lassen, unsere Hilfe verweigern, aber Ermutigung verleihen." (Dreikurs)

Für Eltern gibt es Zeiten, wo sie sich über das Größerwerden des Kindes freuen können und es innerlich begleiten. Ein andermal erleben sie einen Ablöseschritt als sehr schmerzhaft. Für die Kinder ist das Ablösen nicht schmerzhaft, wenn sie es zur richtigen Zeit tun. Das Weitergehen ist für sie natürlich. Für die Eltern, die in gewisser Weise zurückbleiben, ist es trauriger.

Folgendes Gedicht handelt davon, wie ein Vater seiner Tochter das Radfahren beibringt:

„Morgen wird sie, auch wenn ich hinterherlaufe
mit ausgebreiteten Armen, um sie aufzufangen,
die Balance außerhalb meiner Reichweite halten,
bis die Entfernung sie klein werden lässt . . .
Ich bleibe stehen und weiß,
dass ich ihr folgen musste, um sie zu lehren
und als sie gelernt hatte,
dass ich sie gehen lassen musste."

Wyatt Prunty (aus Rico)

Wenn Eltern ihre Kinder festhalten, steht oft dahinter, dass die Eltern etwas von ihrem Kind wollen, dass sie ihr Kind brauchen. Sie sind nicht die Großen, die geben, sondern sie sind selbst bedürftig.

Eltern, die „groß" sind, bleiben, wie in dem oben beschriebenen Gedicht, stehen und lassen das Kind gehen. Das Kind kann auch wieder zu ihnen kommen, wenn es will. Die Eltern sind weiter für es da. Das Mädchen aus dem obigen Gedicht wird nach einer Weile mit ihrem Fahrrad umkehren und zu seinem Vater zurückfahren. Das wird es noch häufig tun, sich weiter entfernen und wieder zurückkommen. Und irgendwann wird es ins eigene Leben weiterfahren.

Jennifer ist zwölfeinhalb und bekommt das erste Mal ihre Periode. Ihr ist es sehr peinlich und sie versteckt ihre Unterwäsche unter dem Bett.

Zwei Tage später findet ihre Mutter Margot die Wäsche unter dem Bett. Margot ist völlig aufgewühlt. Jetzt hat Jennifer einen gewaltigen Schritt dahin getan, Frau zu werden. Gleichzeitig ist sie enttäuscht, weil Jennifer ihr nicht vertraut und ihr nichts davon erzählt hat, obwohl ihr klar ist, dass dieses offensichtliche Versteck auch ein Signal an sie als Mutter war.

Margot überlegt, ob sie Jennifer gegenüber das Thema ansprechen soll. Doch sie merkt, dass sie viel zu aufgewühlt dazu ist. Sie ruft deswegen eine Freundin an. Diese lädt sie zu einem Glas Sekt ein, um das Ereignis zu feiern. Margot hebt das Glas Sekt und fängt an sich zu freuen. „Und bald wirst du dann Großmutter. Darauf müssen wir auch noch trinken", lacht die Freundin. Margot ist zusehends entspannter und kann sich jetzt auch schon darüber freuen.

Margot registriert in den nächsten Wochen, dass sich etwas in der Beziehung zu ihrer Tochter ändert. Sie ist gelassener mit den „pubertären Zickigkeiten" von Jennifer. Sie bekommt ein Gefühl, dass die Zeit, die ihre Tochter noch bei ihr ist, überschaubar wird. Sie sieht manchmal die kommende Frau in Jennifer und sie fühlt sich ihr sehr nahe. Kurze Zeit später, als Jennifer das zweite Mal ihre Periode hat, erzählt sie es ihrer Mutter.

Margot erinnert sich an die kleine Feierstunde mit ihrer Freundin und sie lädt Jennifer zur Feier dieses besonderen Tages zum Eisessen ein.

Margot feiert diesen großen Übergang. Feste oder selbsterfundene Rituale erleichtern den nächsten Lebensabschnitt, so wie das Gute-Nacht-Ritual jeden Abend die Trennung bei einem kleinen Kind von den Eltern erleichtert. Manchmal ist es auch gut, den alten Abschnitt zu verabschieden, noch einmal einen Blick darauf zu werfen und sich dann dem Neuen zuzuwenden. Dann können Eltern dem Kind und sich selbst zu dem neuen Abschnitt in seinem und ihrem Leben gratulieren.

Wenn Margot feiert, dann stimmt sie damit dem natürlichen Fluss des Lebens zu. So wie es ihr ging, erging es auch ihrer Mutter und so den Frauen vor ihr. Der Abschied gehört mit zum Leben und besonders mit zum Leben mit Kindern. Und so wie ihr wird es auch einmal ihrer Tochter ergehen.

Anhang

Wann ist eine Familienaufstellung nützlich?

Bisher, liebe Leserinnen und Leser, haben Sie anhand von
Beispielen sehen können, wie sich die Ordnungen, die Bert
Hellinger gefunden hat, im Elternalltag auswirken.

Aber bloßes Lesen ersetzt keine Erfahrungen. Familienaufstellungen vermitteln diese Erfahrungen, die den bisherigen Horizont weiten. Wer dabei anwesend ist oder noch
besser die eigene Familie stellt, gewinnt dadurch ein neues
Verständnis von den Zusammenhängen und den heilenden
und krank machenden Kräften in einer Familie.

Das Lesen dieses Buchs kann das Erleben einer tatsäch-
lichen Familienaufstellung nur teilweise ersetzen. Die
Ordnungen, die in den bisherigen Kapiteln beschrieben
sind, sind kein Ergebnis theoretischer Überlegungen, sondern aus der praktischen Arbeit mit Aufstellungen entstanden. Nur insoweit sie sich hier immer wieder zeigen
und als nützlich erweisen, haben sie einen Wert.

Familienaufstellungen sind eine sehr kraftvolle und ein-
drucksvolle Methode. Wir empfehlen Ihnen daher an einer
Familienaufstellung teilzunehmen:

- wenn Sie Zweifel an den grundsätzlichen Aussagen über
  die Beziehungen von Eltern und Kindern in diesem Buch
  haben und diese klären wollen.
- wenn Sie ernsthafte Schwierigkeiten haben, die be-

schriebene Haltung, „groß" zu sein, in sich zu entwickeln.

- wenn Sie in Ihrem persönlichen Leben Beziehungen klären und sich eigene Verantwortung anschauen wollen.
- wenn Sie die Folgen von Ereignissen Ihrer Familiengeschichte auflösen wollen.

Wie funktionieren Aufstellungen?

In der Arbeit mit Familienaufstellungen nach Bert Hellinger geht es um Begegnungen einmal mit der Familie, aus der wir kommen (Ursprungsfamilie) und zum anderen mit der Familie, die wir selbst gründen wollen oder gegründet haben (Gegenwartsfamilie). Man könnte eine umfassende Aufstellung als „lebenden" Familienstammbaum bezeichnen. Eine Aufstellung bringt uns in Kontakt mit Schichten tieferer Wahrheit unter der Alltagswahrheit. Sie zeigt uns anschaulich, was im Untergrund einer Familie abläuft.

In einem mehrtägigen Seminar stellt jeder Teilnehmer einmal mit Hilfe der anderen Teilnehmer seine Familie. (Mit anderem Aufbau sind Aufstellungen auch in der Einzelberatung möglich.) Im Seminar treffen sich Teilnehmer, von denen jeder seine Familie aufstellen will. Meistens kommt jeder für sich allein, die anderen Mitglieder seiner Familie braucht er nicht für diese Arbeit. Manchmal kommen auch Geschwister, ein Elternteil mit einem Kind oder Paare.

Die praktische Durchführung sieht so aus: Wer aufstellen will, wählt zunächst Stellvertreter für jedes Mitglied der Familie. Anschließend gibt er spontan – ohne zu sprechen und ohne jede Erklärung – jedem Stellvertreter der Reihe nach im Raum einen Platz und eine Blickrichtung.

Wenn alle Familienmitglieder aufgestellt sind, nimmt der Klient oder die Klientin wieder Platz. Von jetzt ab bis zum Ende der Aufstellung sind sie nur noch Beobachter und lassen das, was der Leiter und die Stellvertreter sagen und tun, auf sich wirken.

Das Verblüffende, ja Mysteriöse an dieser Art der Aufstellung ist, dass die aufgestellten Stellvertreter an ihren Plätzen Zugang zu den Gefühlen und Beziehungen der jeweiligen Familienmitglieder haben. Die Plätze haben ihre eigene Kraft, so dass jeder, der an diesem Platz steht, ähnlich reagiert. Ja, bisweilen verwendet ein Stellvertreter sogar die Sätze, die ein Familienmitglied immer benutzt hat.

Dieses Phänomen geschieht in jeder Aufstellung wieder aufs Neue. Warum das so ist und wie es funktioniert, lässt sich bislang nicht erklären. Aber mit seiner Hilfe, mit Hilfe dieses „wissenden Feldes" lassen sich Konflikte in der jeweiligen Familie ans Licht bringen und Lösungen finden. Diese Lösungen sind oft grundsätzlicher Art und entstehen aus den Ordnungen, die Bert Hellinger mittels der Aufstellungen herausgefunden hat. Der Leiter entwickelt individuelle Lösungen nach diesen Ordnungen mit Hilfe der Rückmeldungen der Stellvertreter.

Eine Aufstellung dauert im Regelfall zwischen 15 Minuten und einer Stunde, aber auch kürzere und längere Aufstellungen kommen vor.

Ziel bei der Aufstellung der Ursprungsfamilie ist es nicht, die unendliche Vielfalt aller Verbindungen in einer Familie aufzudecken, sondern nur die stärkste Verstrickung, in der jemand gefangen ist und die seine Kraft bindet. Diese Verbindungen mit früheren Familienmitgliedern werden in den Aufstellungen besonders deutlich. Wenn sie erkannt und aufgelöst sind, ist oft eine gute Ordnung möglich, bei der jeder sich an seinem Platz wohlfühlt, und die Aufstellung hat ein natürliches Ende.

Die Teilnehmer, die gerade aufstellen, sind aufmerksam für alles, was geschieht. Am Ende nehmen sie dieses neue Bild auf, oft, indem sie sich jetzt auf den Platz ihres bisherigen Stellvertreters stellen. Dieses Geschehen zusammen mit dem Schlussbild entfaltet oft eine heilende Wirkung.

Literaturempfehlungen

Wer sich mehr mit praxisnaher Literatur zur Erziehung auseinander setzen will, die in vielen Teilen dem Ansatz dieses Buchs nahe kommt, dem empfehlen wir das Buch „Kinder fordern uns heraus" (Dreikurs/Soltz). Es ist bereits 1964 geschrieben und in einigen Beispielen und Erziehungsratschlägen nicht mehr zeitgerecht. Aber es enthält einen solchen Reichtum an hilfreichen Einsichten und praktischen Beispielen, dass es auch heute noch begeistert. Weiterhin empfehlen wir „Kinder brauchen Grenzen" von Jan-Uwe Rogge. Mit zeitgemäßen Beispielen aus dem Erziehungsalltag macht er Mut, den „eigenen Erziehungsweg" zu gehen. Besonders interessant sind hier Gespräche mit Kindern, in denen sie ihre Sicht des „Erziehungsproblems" schildern.

Eine umfassende Einführung in die Familienaufstellungen nach Bert Hellinger mit vielen praktischen Fällen ist das Buch „Ohne Wurzeln keine Flügel. Die systemische Therapie von Bert Hellinger" (Ulsamer).

Wer sich umfassend einlesen will, dem empfehlen wir „Zweierlei Glück" mit Gunthard Weber als Herausgeber. Wer sich Bert Hellinger und der Arbeit eher persönlich nähern will, kann das gut tun über ein umfassendes Interview von Gabriele ten Hövel mit ihm, das als Buch erschienen ist: „Anerkennen was ist" (Hellinger/ten Hövel)

Ein hervorragendes Buch für Paare und ihre Schwierigkeiten und Möglichkeiten ist „Wie Liebe gelingt. Die Paartherapie Bert Hellingers" von Johannes Neuhauser.

Schließlich möchten wir Sie noch auf unsere Hörspiele für Kinder aufmerksam machen, in denen wir wichtige Themen kindgerecht und unterhaltsam behandeln. Als Rahmen dafür haben wir die Drachenfamilie Fürchterlich geschaffen (als Kassetten erschienen bei Universal).

Adressen

Informationen über Tagungen und Arbeitskreise:

Internat. Arbeitsgemeinschaft Systemische Lösungen nach
Bert Hellinger
Schloßhof 6
69168 Wiesloch
Tel.: 06222-92890
Fax: 06222-928922
E-Mail: network@hellinger.com
Das Sekretariat verschickt eine Adressliste kompetenter
Aufsteller im deutschsprachigen Raum. Außerdem gibt die
AG zweimal pro Jahr die Zeitschrift „Praxis der System-
aufstellung" heraus.

Informationen über Aufstellungsseminare im nicht deutschsprachigen Raum und über die gesamte Arbeit von und
nach Bert Hellinger: http://www.hellinger.com

Seminare und Weiterbildungen durch die Verfasser selbst:
Dr. Bertold Ulsamer und Gabriele Ulsamer
Runzstr. 48
D-79102 Freiburg
Fa:x: 0761-706456
E-Mail: bertold.ulsamer@t-online.de
        GabUlsamer@aol.com
Homepage: http://www.ulsamer.com

Literatur

Amendt, Gerhard, Die Rache der Muttersöhne,
Spiegelreporter 05/2000

Amendt, Gerhard, Vatersehnsucht. Annäherung in
elf Essays

Benard, Cheryl/Schlaffer, Edit, Mütter machen Männer.
Wie Söhne erwachsen werden, München 1994

Dreikurs R./Soltz V., Kinder fordern uns heraus,
Stuttgart 1998

Dreikurs, R./Grey, L., Kinder lernen aus den Folgen,
Freiburg 1998

Gaschke, Susanne, Das ewige Familien-Drama.
Mit Kindern ist alles anders als ohne sie – vor allem für
berufstätige Eltern, ZEIT, 16/2000

Gibran, Kahlil, Der Prophet, Freiburg 12. Aufl. 1981

Hellinger, Bert/ten Hövel, Gabriele, Anerkennen was ist.
Gespräche über Verstrickung und Lösung,
München 1996

Lache, Anette, Alle Stief – oder was?, Stern Nr. 22/2000

Moeller, Michael, Lukas, Die Liebe beginnt zu zweit.
Paare im Gespräch, Reinbek bei Hamburg 1998.

Neill, Alexander S., Theorie und Praxis der
antiautoritären Erziehung, Reinbek bei Hamburg 1969

Neuhauser, Johannes, Wie Liebe gelingt. Die Paartherapie
Bert Hellingers, Heidelberg 1999

Prekop Jirina/Hellinger Bert, Wenn ihr wüsstet,
wie ich euch liebe, München 1998

Rico, Gabriele L., Garantiert schreiben lernen,
Reinbek bei Hamburg 1984

Rogge, Jan-Uwe, Kinder brauchen Grenzen,
Reinbek bei Hamburg 1993

Smith, J. Manuel, Sage nein ohne Skrupel.
Techniken zur Stärkung der Selbstsicherheit,
Reinbek bei Hamburg 1982

Ulsamer, Bertold, Ohne Wurzeln keine Flügel.
Die systemische Therapie von Bert Hellinger,
München 1999

Weber, Gunthard (Hrsg.), Zweierlei Glück.
Die systemische Psychotherapie Bert Hellingers,
Heidelberg 3. Aufl. 1994

Erziehung ist kein Kinderspiel

Xenia Frenkel
Einfach & glücklich
Leben mit Kindern
Band 4828
Der Ratgeber für Eltern, deren Alltag mit Kindern oft kompliziert scheint.
Es zeigt: Einfacher heißt: mehr vom Leben haben

Xenia Frenkel
Kindern Werte mitgeben
Worauf es ankommt und wie es gelingt
Band 4632
Emotionale und soziale Fähigkeiten sind ebenso wichtig wie
Durchsetzungskraft und Selbstbewußtsein, um im Leben erfolgreich zu
sein. Ein spannender, konkreter Elternratgeber.

Xenia Frenkel
Was tut die Bananenschale unterm Bett?
Im Kinderchaos Nerven bewahren und Spielregeln finden
Band 4499
Kinder brauchen das kreative Chaos, aber auch klare Grenzen.
Wie Eltern bestimmte Regeln schaffen können.

Rudolf Dreikurs/Loren Grey
Kinder lernen aus den Folgen
Wie man sich Schimpfen und Strafen sparen kann
Band 4884
Ein Erziehungsstil, der Kindern frühzeitig dazu verhilft, eigenständige
Erfahrungen zu sammeln und mit Freiheit richtig umzugehen.

Roswitha Defersdorf
Deutlich reden, wirksam handeln
Kindern zeigen, wie Leben geht
Band 4829
Damit Kinder ihren Weg eigenständig und erfolgreich gehen lernen
brauchen sie Eltern, die eindeutig, klar und liebevoll sind.

HERDER spektrum

Jamie Miller
Mit Kindern Werte entdecken
Spiele und Ideen
Band 4813
Vertrauen, Ehrlichkeit, Mut, Ziele haben, Dankbarkeit empfinden:
Dies zu lernen ist wichtiger als Aufräumen oder Knöpfe annähen.

Walter Pacher
Wenn Kinder ihre Macht erproben
Freiheit lassen und Grenzen setzen
Band 4793
Machtkämpfe in der Familie müssen nicht sein. Der erfahrene Gordon-
Trainer zeigt, wie es ohne Niederlagen geht, wenn Kinder und Eltern
unterschiedliche Vorstellungen, Wünsche und Bedürfnisse haben.

Walter Pacher
Wenn Kinder keine Grenzen kennen
Konflikte lösen ohne Machtanwendung
Band 4494
Wie die Methode der Familienkonferenz erfolgreich sein kann, zeigt
Walter Pacher mit vielen Beispielen und Übungen.

Walter Pacher
Wenn Kinder immer anders wollen
Mehr Sicherheit und Gelassenheit für Eltern
Band 4118
Zuckerbrot und Peitsche sind keine Wundermittel gegen kleine
Querulanten! Mehr wirkt da schon ein klärendes Gespräch am runden
Familientisch.

Peter Veith
Jedes Kind braucht seinen Platz
Geschwister in der Familie
Band 4792
Hier wird gezeigt, was Eltern über die Entwicklungsmöglichkeiten,
Schwierigkeiten und Chancen geschwisterlichen Miteinanders wissen
müssen.

HERDER spektrum

Daniela Liebich
Mit Kindern richtig lernen
Ein Ratgeber für Eltern
Band 4787
Spaß ist eine wesentliche Voraussetzung für erfolgreiches Lernen.
Die Autorin zeigt: Spielerisches Lernen löst Blockaden auf.

Ursula Henn
So kann mein Kind sich besser konzentrieren
Übungen und Hilfen für Schulkinder
Band 4785
Übungen, die Streß abbauen und zu innerer Ausgeglichenheit führen –
und damit Aufmerksamkeit und Konzentrationsfähigkeit steigern. Für
Kinder ab 5 und ihre Eltern.

Mark L. Brenner
Positiv erziehen
Konsequent bleiben, ohne autoritär zu sein
Band 4783
Wenn sie sich in ihrem Anliegen verstanden wissen und Alternativen
sehen, können Kinder durchaus damit klarkommen, daß sie etwas nicht
bekommen oder nicht dürfen. Brenner zeigt, wie das gelingt.

Theo u. Julitta Schoenacker / John Platt
Die Kunst, als Familie zu leben
Ein Erziehungsratgeber nach Rudolf Dreikurs
Band 4782
Kinder sind von klein an ernstzunehmende soziale Wesen. Wie man
diese Anlagen entdeckt und eine entspannte Beziehung aufbaut, zeigt
dieses Buch.

Marleen Noack
Schulerfolg leicht gemacht
Wie mein Kind das Lernen lernt
Band 4723
Die richtige Lernweise, eine gute Motivation und sinnvolle
Tagesplanung geben dem Schulstress keine Chance mehr.

HERDER spektrum

Gerlinde Unverzagt
Kinder, vertragt euch doch!
Warum Geschwister nicht nur friedlich sein können
Band 4712
Raushalten oder Einmischen – was ist richtig, wenn Geschwister sich
streiten? Die Autorin entwickelt praktikable Leitlinien für den Umgang
mit solchen Situationen.

Uta Brückner / Heike Friauf
Der Schritt in die weiterführende Schule
Die beste Wahl für mein Kind
Band 4623
Der kompetente Ratgeber für Eltern, die sich auch nach der
Grundschulzeit hinter ihr Kind stellen, statt es der Schule nur mehr oder
weniger auszuliefern.

Michael Rohr
Freiheit lassen - Grenzen setzen
Wie Eltern Sicherheit gewinnen und ihren Kindern Halt geben
Band 4618
Der kompetente Kinderarzt ermutigt Eltern, mit den Kindern zusammen
das sensible Gleichgewicht zwischen Freiheit und Begrenzung immer
wieder neu zu finden.

Hans Janssen
Kinder brauchen Klarheit
Wie Eltern Regeln finden und Grenzen setzen
Band 4699
Alltägliche und immer wiederkehrende Konflikte so lösen, daß
keiner dabei zu kurz kommt. Ein hilfreiches Buch für ein harmonisches
Familienleben.

Peter Veith
Eltern nehmen Kinder ernst
Die 7-Schritte-Methode zur Lösung von Familienkonflikten
nach Rudolf Dreikurs
Band 4640
Ein leicht anwendbares Programm, das hilft, in Konfliktsituationen den
Bedürfnissen von Eltern und Kindern gerecht zu werden.

HERDER spektrum